Architektur. Landschaft

Architekturjahrbuch Graz Steiermark 2013

Architecture. Landscape

Architecture Yearbook Graz Styria 2013

AMBRA | V

Nathalie de Vries, Eva Guttmann, HDA (Hg. Eds.)

GEDANKEN
ZU BUCH & PREIS

Eva Guttmann
Haus der Architektur

VORWORT

Das *Architekturjahrbuch Graz Steiermark 2013 – Architektur. Landschaft* ist die nunmehr dritte Publikation dieser Reihe, die von der/dem KuratorIn des Architekturpreises des Landes Steiermark konzipiert wurde. Mit Nathalie de Vries konnte eine international anerkannte Architektin als Kuratorin und damit alleine über die Preisvergabe entscheidende Expertin gewonnen werden, deren Zugang sich von jenem ihrer beiden Vorgänger ganz maßgeblich unterscheidet: Während jene sich von einer architekturtheoretischen und -historischen Sichtweise annäherten, ist ihre Herangehensweise geprägt von ihrer langjährigen Erfahrung als praktizierende Architektin und Städteplanerin.

So standen neben der baukünstlerischen und städtebaulichen Qualität der zur Auswahl stehenden Projekte Umsetzungsprozesse und Nutzung als Kriterien im Vordergrund. Ein weiterer Aspekt betraf die Vielfalt der steirischen Landschaft sowie der Siedlungsstrukturen und damit verbunden die jeweilige Verknüpfung der eingereichten Bauwerke mit ihrer Umgebung.

Buchgestaltung, Texte und Fotografien des vorliegenden Jahrbuchs zielen darauf ab, all diesen Parametern Raum zu geben. So arbeitete Margit Steidl als Buchgestalterin auf einer assoziativ-formalen Ebene mit dem Landschaftsbegriff, was sich etwa in der grafischen Artikulation der Textblöcke widerspiegelt. Nathalie de Vries und Werner Schandor nähern sich von unterschiedlichen Positionen dem „Steiermarkspezifischen" an, indem sie ihre Beobachtungen wiedergeben, vom Allgemeinen auf das Spezielle schließen und damit ein differenziertes Bild dessen zeichnen, was leicht übersehen wird und dennoch kulturell prägend ist.

Die Fotografien von Michael Goldgruber wiederum spannen einen Bogen vom großen räumlichen Zusammenhang, in den die Bauwerke gebettet sind, bis zum Detail und zeigen in zugleich sachlichen und lebendigen Bildern die Objekte im Gebrauch, ohne den architektonischen Fokus aus den Augen zu verlieren.

Schließlich runden die Statements der ArchitektInnen, Bauherren und NutzerInnen das Gesamtbild der sechs für den Preis nominierten Projekte ab und geben Zeugnis von der Tragweite und Wirksamkeit sorgfältiger und qualitätvoller Planung.

Dem Land Steiermark ist zu danken für die Auslobung des Preises, der nicht nur die Arbeit der prämierten Architekten und Architektinnen würdigt, sondern das Thema Baukultur als ein Anliegen der verantwortlichen PolitikerInnen ausweist. Die Liste der bisher prämierten Projekte und ihrer PlanerInnen im Anhang dieser Publikation zeugt nicht nur von der langen Tradition des Preises, sondern spiegelt auch die gesellschaftspolitische Entwicklung seit 1980 wider. Sie macht deutlich, wie weit der Einfluss von Architektur reicht, wie prägend Visionen und Bauwerke auch noch nach über dreißig Jahren sein können und wie wichtig es ist, Baukultur verantwortungsvoll und engagiert zu fördern und zu unterstützen.

In diesem Sinne soll die vorliegende Publikation dokumentieren, inspirieren und ein Zeichen für die Lebendigkeit und Qualität steirischer Baukultur sein.

PREFACE

NOTES ON
THE BOOK & THE PRIZE

Eva Guttmann
House of Architecture

Conceptualized by the curator of the Styrian State Prize for Architecture, the *Architecture Yearbook Graz Styria 2013—Architecture. Landscape* is now the third publication of this series. Nathalie de Vries, an internationally recognized architect, could be won over as the curator and the expert who solely decided on conferring the prize. Her approach differs very decisively from those of her predecessors: While they set about from an architectural-theoretical and architecturalhistorical perspective, hers is characterized by her many years of experience as a practicing architect and urban planner.

Thus, besides the architectonic and urban development qualities of the projects to be nominated, the implementation processes and the utilization stood in the forefront as criteria. A further aspect involved the diversity of the Styrian landscape, as well as the settlement structures and the respective linking of the submitted buildings to their surroundings.

The design, texts and photographs of this book aim at providing space for all these parameters. Margit Steidl, as the book designer, therefore worked on an associative-formal level with the concept of landscape, which is reflected, for instance, in the graphical articulation of the text blocks. Nathalie de Vries and Werner Schandor approach the "Styria specificity" from different positions by conveying their observations, extrapolating from the general to the special, and thereby drawing a differentiated picture of what is easily overlooked, yet is culturally defining.

On the other hand, Michael Goldgruber's photographs span an arch from the large spatial context in which the structures are imbedded all the way to the detail, showing the objects in use in factual and lively images, without losing sight of the architectonic focus.

Finally, statements from the architects, clients and users round out the overall picture of the six nominated projects and attest to the scope and efficacy of careful and high-quality planning.

Thanks go to the Styrian Provincial Government for offering the prize, which not only acknowledges the work of the architects rewarded up to now, but also shows the issue of building culture as a concern of the responsible politicians. The list of the previously awarded projects and their planners in the appendix of this publication does not only testify to the long tradition of the prize, but also reflects the socio-political development since 1980. It clearly illustrates how far the influence of architecture reaches, how visions and buildings can still be formative more than thirty years later, and how important it is to promote and support architecture responsibly and dedicatedly.

In this spirit, this publication should document, inspire and be a sign of the vitality and quality of Styrian building culture.

VORWORT

DER ARCHITEKTURPREIS
DES LANDES STEIERMARK
2013

Christian Buchmann
Kulturlandesrat

Sehr geehrte Damen und Herren!
Der Architekturpreis des Landes Steiermark wird seit 1980 in einem Rhythmus
von zwei Jahren – in Hinkunft alle drei Jahre – verliehen. Zweck der Preisstiftung
ist die Förderung zeitgenössischer qualitätvoller Architektur in der Steiermark, die
Auswahl erfolgt aktuell über eine Kuratorin oder einen Kurator. Die- oder Derjenige
soll international tätig sein und jedenfalls nicht hauptsächlich in Österreich leben.

Heuer wird der Preis zum 17. Mal verliehen und ist erstmals mit 10.000 Euro
dotiert. Dies geht auf eine Evaluierung aller Kulturpreise, die das Land Steiermark vergibt, zurück. Seit 2011 sind alle Landespreise mit 10.000 Euro dotiert, was
für den Architekturpreis eine Aufwertung bedeutet.

Für den Preis hat es 46 gültige Einreichungen gegeben, die die vielfältige
Bandbreite von neuen Projekten in der Steiermark sichtbar machen. Anhand
der eingereichten Projekte ist erkennbar, dass es auch Aufgabe der öffentlichen
Hand ist, neue Architektur zu fordern und zu fördern. Dies war nicht immer selbst-
verständlich – es ist aber umso erfreulicher, dass die Bürgermeister und Bürgermeisterinnen in steirischen Gemeinden mit öffentlichen Neubauten zunehmend
Innovationen insbesondere im architektonischen Erscheinungsbild zulassen.

Die steirische Architekturszene hat sich stets durch Kreativität ausgezeichnet,
hat Landmarks gesetzt, ist international aufgefallen und wurde dafür auch regelmäßig prämiert. Heute ist von Architekten mehr denn je verlangt, sich nicht nur
mit dem Gebäude und seinen Funktionen auseinanderzusetzen, sondern dieses
auch mit der umgebenden Landschaft bzw. dem urbanen Umfeld in Dialog zu
bringen. Die aktuelle Kuratorin des Architekturpreises des Landes, Nathalie de
Vries, Architektin aus Rotterdam, war in ihrem allgemeinen Resümee von der
typologischen Bandbreite der Einreichungen und von der Vielfältigkeit der steirischen Landschaft, in die die Projekte eingebettet sind, beeindruckt.

Ich freue mich, dass es zum Architekturpreis des Landes auch stets eine
Publikation gibt, die maßgeblich vom Haus der Architektur gestaltet wird. Diese
Publikation dient der Dokumentation, aber auch der Kommunikation der Projekte
und weckt vielleicht einmal mehr das Verständnis für zeitgenössische Architektur
oder ermutigt künftige Bauherren.

Beim Team des Hauses der Architektur bedanke ich mich für die Abwicklung
von Ausschreibung und Ausrichtung des Preises sowie für die Erstellung der
Publikation. Den Preisträgern gratuliere ich herzlich und Ihnen empfehle ich diese
Publikation wärmstens.

THE ARCHITECTURE PRIZE OF THE STYRIAN PROVINCIAL GOVERNMENT 2013

Christian Buchmann
Minister of Culture

PREFACE

Dear Ladies and Gentlemen!

Since 1980, the Architecture Prize of the Styrian Provincial Government has been awarded in a two-year rhythm—in the future it will be every third year. The purpose of sponsoring this prize is to promote contemporary, high-quality architecture in Styria; the selection is currently being made by a curator. She or he should be internationally active and, in any event, not primarily live in Austria.

This year, the prize is being awarded for the seventeenth time and is endowed with 10,000 Euros for the first time. This traces back to an evaluation of all cultural prizes that the Styrian Provincial Government awards. Since 2011, all of the state prizes are endowed with 10,000 Euros, which means a revaluation for the Architecture Prize.

There were 46 valid submissions for the prize, which renders the diverse range of new projects in Styria visible. On the basis of the submitted projects it is recognizable that it is also the task of the public sector to call for and to foster new architecture. This was not always a matter of course—but it is even more gratifying that the mayors in Styrian communities with new public buildings are increasingly approving innovations particularly in the architectonic appearance.

The Styrian architectural scene has always been characterized by creativity, has set landmarks, has drawn international attention and was also regularly awarded for this. Today, more than ever, architects are expected to not only deal with the building and its functions, but also to bring these into a dialog with the surrounding landscape, resp., the urban environment. In her general conclusion, the current curator of the Styrian State Architecture Prize, the Rotterdam-based architect Nathalie de Vries, was impressed by the typological scope of the submissions and the diversity of the Styrian landscape in which these projects are embedded.

I am happy that the Styrian State Architecture Prize is always accompanied by a publication designed by the HDA House of Architecture. This publication serves to document as well as communicate the projects, and will perhaps once again awaken the understanding for contemporary architecture or encourage future clients.

I would like to thank the HDA team for the execution of the tender and for the organization of the prize, as well as for the preparation of the publication. Moreover, I cordially congratulate the awardees and I warmly recommend this publication to you.

BLICKBEZIEHUNGEN:

STEIRISCHE ARCHITEKTUR IM KONTEXT

Nathalie de Vries
Kuratorin

Es gibt viele Städte, Regionen, Länder, die Jahrbücher herausgeben und Architekturpreise verleihen. Mit der Auszeichnung eines bestimmten Gebäudes an einem spezifischen Ort sollen diese Preise die enge Verbindung zwischen Projekt und Umgebung, für die es geplant wurde, hervorheben. Für mich als Außenstehende war es verlockend, in der Steiermark nach Authentizität, Originalität und Individualität zu suchen. Andererseits übten, wohin auch immer ich gereist bin, die seltsam bekannten Aspekte von Gebäuden, Bewohnern und Nutzern bisweilen ebenfalls einen Einfluss auf mich aus. Und wäre es überhaupt möglich, alle Projekte auf ihre generelle, universelle Idee dessen, was gute Architektur ist, zu beurteilen? Letztlich musste ich als alleinige Kuratorin feststellen, dass der Auswahlprozess für den Steiermarkpreis eine höchst subjektive Angelegenheit ist.

Anders als meine beiden Vorgänger in dieser Funktion, Hubertus Adam und Andreas Ruby, bin ich keine Architekturhistorikerin oder -kritikerin. Mein ganzes Wissen stammt aus der Praxis und der Lehre der Architektur und des Städtebaus, sowohl in meiner Heimat als auch im Ausland. Mit österreichischer Architektur kam ich das erste Mal in Kontakt, als ich in der zweiten Hälfte der achtziger Jahre an der Technischen Universität von Delft studierte. Damals entwickelte sich die dekonstruktivistische Architektur, zu der, manchen zufolge, auch Bauwerke der sogenannten Grazer Schule zu zählen sind. Geleitet von Artikeln zum Beispiel eines Peter Cook begann ich diese spezielle Richtung österreichischer Architektur mit einer Architekturbewegung zu verknüpfen, die in eine expressionistische, für mich etwas fremdartige Richtung ging. Generell begannen sich die Architekturstile von dem strengen Modernismus, der damals noch immer die Delfter Uni dominierte, wegzubewegen. Meine Generation empfand diese Richtung als adäquate Möglichkeit, mit der Komplexität suburbaner und peripherer Zonen in den europäischen und nordamerikanischen Städte zurande zu kommen. Indem wir diese Beispiele analysierten, suchten wir nach Strategien, um mit den Aufgaben der Zukunft besser fertig zu werden. Sie inspirierten uns weit mehr als das Studium der Geschichte der Architektur. Coop Himmelb(l)aus „Architektur ist jetzt" wurde auch zu unserem Motto. Dies half uns, der akademischen Diskussion über Moderne versus Postmoderne zu entkommen. Die „Geschichte" dieser Epoche hat Hubertus Adam in seinem *Architekturjahrbuch Graz Steiermark 2010. Raum, verschraubt mit der Zeit* gut beschrieben und zwar in seinem Beitrag „Von der ‚Grazer Schule' zur ‚New Graz Architecture'".

Mein zweites Eintauchen in die österreichische Architektur erfolgte im Jahr 2003, als ich Mitglied im Salzburger Gestaltungsbeirat wurde. Ich lernte, wie leidenschaftlich die Österreicher, egal ob Architekten, Laien oder Politiker, über Architektur diskutieren können und dass es neben den lokalen auch immer Architekten aus den anderen Bundesländern gibt, die außerhalb ihrer unmittelbaren Umgebung arbeiten.

ZOOM IN—
ZOOM OUT:

CONTEXT
OF STYRIAN
ARCHITECTURE

Nathalie de Vries
Curator

Many cities, regions and countries make yearbooks and give architectural prizes. With the appreciation for a certain building linked to a specific place, these prizes want to proudly emphasize the close connection between the project and the place for which it has been produced. As a completely foreign selector, it was tempting to look for authenticity, originality and individuality. On the other hand, wherever I travel, the strangely familiar aspects of the buildings, their inhabitants and users can sometimes also affect me. And is it at all possible to just judge all projects with a general, universal idea about what is good architecture? In the end, I soon realized that being put forward as the single curator to select the Steiermark prize turned this selection procedure into a highly individual affair.

Unlike my two predecessors in this position, Hubertus Adam and Andreas Ruby, I am not an architectural historian or critic. My knowledge comes from producing and teaching architecture and urban design, both in my home country and abroad. I first came into contact with contemporary Austrian architecture when I was still a student at the Technical University of Delft, in the second half of the eighties. At that time, the Deconstructivist architecture was emerging and that included, according to some, the so-called Grazer Schule (Graz School). Guided by articles from people like Peter Cook, I started to connect this particular branch of Austrian architecture with a more general movement in architecture that produced a more expressionist, slightly alien architecture. In general, architectural styles started to move away from the straightforward modernism that still dominated the Delft University. For my generation, they felt like a more appropriate answer to deal with the complexities of the suburban and peripheral conditions of European and North American cities. As students, we were looking for strategies to become better equipped for our future tasks by looking at these examples. They inspired us more than studying the architecture from the past. Coop Himmelb(l)au's "Architecture is now!" became our motto, too. It also helped to escape from the more academic discussions about Modernism vs. Postmodernism. The "history" of this era is well-described by Hubertus Adam in his *Architecture Yearbook Styria 2010. Space, Twisted with Time*, in the article "From the 'Graz School' to the 'New Graz Architecture'."

An die strikte holländische Planungstradition gewöhnt, musste ich erkennen, dass die Österreicher ihre Städte weiterentwickeln, indem sie ein einzelnes Gebäude ans nächste setzen. Jeder Entwurf definiert neue Ziele in der städtischen Entwicklung, ganz im Gegensatz zu einem vorformulierten städtischen Masterplan, in dem Architektur lediglich einen bescheidenen Beitrag zur Erfüllung einer größeren urbanen Agenda darstellt. Meiner Meinung nach ist darin einer der Hauptgründe zu suchen, warum österreichische Architektur so oft expressiv, komplex und zeitgenössisch wirkt. Diese Gebäude sind dazu entworfen, ihren Kontext umzudefinieren. Und immer, wenn ein neues Bauwerk hinzugefügt wurde, egal ob in der Altstadt, in städtischen oder ländlichen Peripherien oder im Dorf, hatte dies eine Änderung im Gesamtplan zur Folge. Was also in meiner Studienzeit als passend für den ganz allgemeinen Kontext der europäischen Stadt erschien, erwies sich nun als Resultat einer sehr spezifischen Antwort auf sehr spezifische Bedingungen, nämlich österreichische und in Bezug auf dieses Buch: steirische Bedingungen.

„DIESE GEBÄUDE
SIND DAZU
ENTWORFEN,
IHREN KONTEXT
UMZUDEFINIEREN."

Der Kurator Andreas Ruby untersucht in seinem Jahrbuch 2008 *Von Menschen und Häusern – Architektur aus der Steiermark*, ob die Grazer bzw. steirische Architektur nicht zu sehr auf sich selbst bezogen ist. In seinem „Nachwort des Kurators" schreibt er: „Auch in Österreich gibt es dieses Interesse an einer Geschichte, die als der permanente Übergang von Vergangenem in Gegenwärtiges verstanden wird. Aber in Graz und der Steiermark habe ich davon nicht wirklich viel gespürt. Hier begegnete mir eher noch das Dogma des heroisch Neuen, das das Alte überlegen hinter sich lässt." Und er wählt in diesem Jahr einen Gebäudetyp, der weder den Kontext noch das Programm ignorieren kann: das Einfamilienhaus. Mir scheint, dass ein Gutteil der österreichischen zeitgenössischen Architektur sehr darauf hinarbeitet, sein transitorisches Ziel zu erreichen, nämlich mit jedem neuen Gebäude abermals seine Neuheit und sein Anderssein durch Form, Material und Farbe zu betonen. Im Rückblick dürfte es gerade dieser Zugang gewesen sein, der mir in den achtziger Jahren als Modell so passend erschien, um mit der Komplexität der Bedingungen an den Peripherien umzugehen. Die für das vorliegende Jahrbuch ausgewählten Projekte bestätigen mich in dieser Einschätzung. Ob sie nun in kubischen Formen daherkommen, in den Falten von städtischer und ländlicher Zersiedelung oder ob sie die für die Grazer Schule so typischen Hügeldächer haben, die sich in die Landschaft einfügen.

Wie in so vielen ruralen Gegenden auf der Welt, schrumpfen die Dörfer und verändert sich die Charakteristik der Landwirtschaft auch in Österreich. Die Dorfbevölkerung besteht nun aus Hobbybauern, Pendlern und Unternehmern, die Freizeit vermarkten, aus Produzenten oder Verkäufern von hochqualitativen biologischen Nahrungsmitteln. Das reine Landleben gibt es nicht mehr; stattdessen ist die regionale Identität etwas geworden, was man verkaufen kann, vor allem in Form von Nahrungsmitteln, Getränken und Beherbergung mit Wellnessfaktor. Dies alles ist sehr gegenwärtig, auch in den nahezu 50 Projekten, die zum Architekturpreis des Landes Steiermark eingereicht wurden.

My second dive into Austrian architecture took place when I became a member of the Salzburger Gestaltungsbeirat (Salzburg Design Advisory Board) in the year 2003. I became aware of how passionate the Austrians, the architects, civilians and politicians can discuss architecture. How there are always the local architects, the Viennese and the architects from other regions of Austria operating outside of their territories.

Being used to a strict Dutch planning tradition, I had to learn how to deal with the fact that Austrians develop their cities by placing one single building next to the other. Each creation of a singular building is to define new goals in the further urban development, in contrast to building in pre-planned urban master plans in which architecture is no more than a modest tool towards fulfilling a bigger urban agenda. This is, in my opinion, one of the main reasons why Austrian architecture often becomes so expressive, complex and contemporary looking. These buildings are designed to redefine their context. So each time a new one has been added, whether they are designed for the Altstadt, the urban and rural periphery, or a plain village, a shift in planning is made. So what in my student years seemed to be appropriate in the more generic context of the European city, turned out to have grown out of a very specific answer to a very specific condition: the Austrian and, in the case of this book, Styrian condition.

"THESE BUILDINGS ARE DESIGNED TO REDEFINE THEIR CONTEXT."

Curator Andreas Ruby wonders in his 2008 *Of People and Houses. Architecture from Styria* whether the Grazer and Styrian architecture has not become too much an end in itself. He describes it in his "Curator's Afterword": "In Austria, too, there is this interest in a history understood as a constant transition of something past into something present. But in Graz and in Styria, I haven't really sensed much of this. Here I still encounter more of the dogma of the heroic new that, with an air of superiority, leaves the old behind it." And he selects that year a type of building that can ignore neither context nor program, the single-family home. To me, it seems that a lot of Austrian contemporary architecture tries very hard to show its transitory objective, to start "again with each new building" by emphasizing its newness and otherness through shapes, materials and colors. And, looking back, it is exactly this character that made it seem for me in the eighties so suitable as a model of how to deal with the complexity of the peripheral condition. The projects selected for this yearbook again prove to me these properties. Whether they appear in cubic shapes to blend in between urban and rural sprawls, or whether they have the typical Grazer Schule hill-shaped roofs to merge into the landscape.

Like in so many rural regions all around the globe, the villages are shrinking and agriculture is changing its identity. Their inhabitants have become "Hobby-bauern", commuters, entrepreneurs who sell leisure, or producers or sellers of high quality organic food. A pure rural life does not exist anymore; instead, a regionalist identity has become something you can sell, expressed mostly in food, drinks and lodgings with wellness facilities. All this was also very present in the nearly 50 projects I had looked at.

Graz ist in seinem Zentrum eine angenehme, fußläufige Stadt, doch wenn man an die Ränder kommt, wird klar, wie sehr das Auto dominiert und wie wichtig es ist, um hier leben zu können – erst recht, wenn man in die ländliche Umgebung gelangen möchte. In Regionen wie der Steiermark ist ein Leben ohne Auto undenkbar. Als ich also durch Graz spazierte, als ich von Graz und Wien aus in die steirischen Regionen fuhr, bekam ich eine Ahnung davon, was es bedeutet, in diesem südöstlichen Teil Österreichs zu leben; ich reiste auf und ab durchs Land, bewegte mich kreuz und quer durch die Grazer Straßen, näherte mich den Gebäuden an, betrat sie und erkannte schließlich, dank der exzellenten Qualität der ausgewählten Projekte und durch die Art, wie die Räume entworfen und orientiert sind, die enge Verbindung der Umgebung mit dem Inneren der Schulen, Scheunen, Wohnzimmer und Schwimmbäder. All diese Erfahrungen versuchen wir dem Leser dieses Jahrbuchs sowohl durch meine Außensicht als auch durch den Beitrag des steirischen Autors Werner Schandor im Sinne einer cinemaskopischen Wahrnehmung der Weite und der Details zu vermitteln, ergänzt und unterstützt durch die Buchgestaltung von Margit Steidl, die Fotografien von Michael Goldgruber und die redaktionelle Leitung von Eva Guttmann.

Die Radikalität der österreichischen Architektur könnte aber nicht existieren ohne die entsprechenden Bauherren. Ich bat darum, gemeinsam mit AuftraggeberInnen und NutzerInnen, und eben nicht mit den ArchitektInnen, die Gebäude besichtigen zu können. Ihre Visionen und die Begeisterung über ihre Gebäude kommen in diesem Buch ebenfalls zur Sprache zusammen mit Interviews mit den ArchitektInnen sowie Projektbeschreibungen. Alle diese AuftraggeberInnen hatten eine spezielle Vorstellung über die Nutzung, die sich in der räumlichen Organisation und zuweilen auch in der Materialität ihrer Projekte, die sie zusammen mit den ArchitektInnen realisiert haben, ausdrückt. Sie führten zu einer Verbesserung des Tagesablaufs und einer Veränderung des Kontexts. Ihre Stimmen und Gesichter sind daher ebenfalls Teil dieses Blicks auf die steirische Architektur der jüngsten Vergangenheit.

Graz is a very pleasant, easy and walkable city in the centre, but when one approaches its edges, it also becomes clear how much cars are dominating it and are needed to survive in its fringes. This is even more necessary to move on to the more rural areas. Life in regions like Styria is impossible without a car. So, walking through Graz and driving out of Graz and Vienna into Styria, I started to get a sense of what life was like in this south-eastern part of Austria. Moving up and down through landscapes and zigzagging through Grazer streets, getting closer and closer to buildings, entering them and finally, thanks to the excellent qualities of the architects selected, seeing the surroundings connected to the interiors of classrooms, barns, living rooms and swimming pools, through the way rooms are designed and oriented. This is what I experienced in the buildings I have selected, and how the reader of this book will perceive my outsider selection of them through the eyes of Styrian-based authors. The layout of Margit Steidl, the text of Werner Schandor, the interviews, the editorial guidance of Eva Guttmann and the eyes of photographer Michael Goldgruber captured both the wideness and the details with cinematic eyes.

The radicality of Austrian architecture could not exist without its clients. I asked to be guided around in the buildings in Styria by the clients and users, not by the architects. Their visions and enthusiasm about their buildings is also shared in this book alongside interviews with the architects and project descriptions. All of these clients had a particular idea of usage that is also expressed in the spatial organization and, sometimes, also in the materiality of their projects that they realized together with the architects. Their visions helped to lift up the everyday programs and reshape the context of their buildings. Their voices and faces are part of this perspective on Styrian architecture in the recent past.

PREIS-
BEGRÜNDUNG

Nathalie de Vries
Kuratorin, Juni 2013

Preisträger: Volksschule Hausmannstätten
.tmp architekten

Hausmannstätten ist ein lebhaftes Dorf von knapp 3000 Einwohnern südlich von Graz. Etwas abseits vom Ortszentrum, in der Nähe des kürzlich eröffneten „Generationenparks", befindet sich die neue Volksschule, die auch über einen Fußweg entlang des Ferberbachs erreichbar ist. Diese Annäherung bildet den Auftakt für ein Gebäude, in dem Landschaft und Architektur miteinander verflochten sind. Das dreigeschossige, flach gedeckte Bauwerk hat eine vorvergraute Holzfassade, in die auf allen Seiten unterschiedlich gefärbte Veranden eingeschnitten sind, und schmiegt sich an den sanften Hang neben dem Bach.

Entlang mehrerer Freibereiche zum Spielen und Entspannen gelangt man unter eine Auskragung an einer Seite der Schule und setzt von dort die „Bildungsreise" fort, vorbei an den Gemeinschafts- und Personalräumen im Erdgeschoss, von denen sich einige zum Garten hin öffnen. Von der „Garderobenlandschaft" erreicht man eine breite Treppe, die nach oben führt und zum Aufenthalt einlädt. In den beiden Obergeschossen wechseln sich Klassenräume, Loggien und Terrassen ab, wodurch der Unterricht jederzeit ins Freie verlegt werden kann. Es gibt keine herkömmlichen Gänge, stattdessen gehen die Räume ineinander über und vermitteln einem das Gefühl, sich in einer großen Villa zu befinden.

Licht fällt tief in das Schulhaus ein und überall besteht eine enge Verbindung zur umgebenden Landschaft: Die großen Fenster in den Klassenräumen ermöglichen eine weite Aussicht über Hof, Hauptschule, Sportanlagen und Dorf bis ins angrenzende Hügelland.

Im Zentrum des Gebäudes ziehen zwei Besonderheiten den Blick auf sich: der Aufzug und die leuchtend orangen Brüstungen entlang der Treppen und Lufträume. Frau Foller, die Direktorin, erzählt, dass sie selbst diese fröhliche Farbe ausgesucht habe und dass sie stolz darauf sei, dass durch die Position des Aufzugs auch die Kinder mit besonderen Bedürfnissen im Mittelpunkt des Geschehens und nicht abseits stünden.

Die Wände und Decken der Innenräume sind weiß, die Böden aus Holz. Kinder, Möbel und Landschaft bilden die Farbtupfer vor diesem Hintergrund, der von den farbig gestalteten Veranden gerahmt wird. Alle Details wurden nach Möglichkeit bündig ausgeführt, um die Bewegung der Menschen durchs Haus nicht zu behindern. Von außen wirken die Aussparungen in der Gebäudekubatur als nahtlose Übergänge zwischen Umgebung und Innenraum.

Die Volksschule Hausmannstätten erhält auf Grund der beeindruckenden, scheinbar mühelosen Integrierung in die Landschaft und der baulichen Umsetzung eines zeitgemäßen pädagogischen Konzepts – nicht zuletzt in Form einer promenade architecturale – den Architekturpreis des Landes Steiermark 2013.

EXPLANATORY
STATEMENT

Nathalie de Vries
Curator, June 2013

Winner: Primary School Hausmannstätten
.tmp architekten

Hausmannstätten is a busy village of nearly 3,000 inhabitants in southern Styria, not far from Graz. Lying on a side street of the Hauptstraße, away from the main busy area, is the new primary school accessible along a footpath that runs through a field towards the newly formed "Generationenpark" along the Ferbersbach creek. This approach is the prelude to a building in which landscape and architecture are intertwined. The three-story building is a low box with a soft, pre-grayed wooden façade, where brightly colored verandas are cut out on all sides. The building is pushed into the gentle slope beside the stream.

Along different outdoor terraces for playing and relaxing, you arrive under an overhang at a corner of the school and can continue the educational journey along the common and staff rooms on the ground floor. Some of the rooms can open their façades into the park. After leaving the coats at the wardroom landscape you climb a broad stair, where some of your friends are already hanging around, waiting for you. Classrooms, verandas and terraces alternate with each other on the next two levels, allowing the teaching to take place both indoors and outdoors. On all four sides you have views to and a connection with the surroundings.

Light is pouring deep into the building. Inside the classrooms as well, windows offer great views to the surrounding landscape, the village and the shared courtyard with sports facilities between the primary school and the secondary school. You realize you are in a school building without corridors. Instead, the organization of rooms with chambres-en-suite makes you feel like you are in a large villa.

At the heart of the school, two things catch your eye: the elevator tower and the bright orange fences along stairs and voids. Director Foller explains how she hand-picked this happy color and is proud that disabled pupils are, in this way, also in the middle of the stream of kids every day, instead of being put away in a corner. The interiors are finished with plain white walls and ceilings, and with wooden floors. Color is brought in by the surrounding landscape, picture-framed by the colored veranda walls, ceilings and floors, and by the kids and the furniture. The detailing inside is mainly flush, supporting the flow of people through the building. Outside, the voids in the box with floor-to-ceiling façades support the borderless connections between surroundings and interior.

The Hausmannstätten primary school impresses with its seemingly effortless integration of landscape, contemporary educational program and promenade architecturale, and therefore fully deserves the Styrian State Prize for Architecture 2013.

Anerkennung: Sport- und Wellnessbad Eggenberg „Auster", Graz
fasch&fuchs.architekten

Wie viele öffentliche Einrichtungen, so müssen inzwischen auch öffentliche Schwimmbäder hohe Anforderungen erfüllen. Das Sport- und Wellnessbad Eggenberg ist dafür ein Beispiel: Schulkinder, Sportler und Wellness-Freunde können an einem Ort, im Freien oder unter Dach, ihren Aktivitäten nachgehen. Alle Bereiche wurden in einer zeitgemäßen und erfrischenden gestalterischen Sprache umgesetzt und mit einer „großen Geste" als Klammer miteinander verbunden. Die Transparenz der Anlage relativiert diese Geste und versöhnt das Gebäude mit seiner Umgebung. Das Sport- und Wellnessbad Eggenberg erhält eine Anerkennung.

Anerkennung: Zentraltunnelwarte, Straßenmeisterei und
Zentralwerkstätte des Landes Steiermark, Hausmannstätten
Dietger Wissounig Architekten

Die gelungene Eingliederung großer Infrastrukturbauten in kleinstrukturierte Landschaftsräume – wie etwa den Ortsteil Berndorf in Hausmannstätten – ist eine der größten planerischen Herausforderungen unserer Zeit. Auf einem beinahe 18.000 m² großen Grundstück wurde ein Volumen von 35.000 m³ in überzeugender Weise als Teil der gebauten Topographie umgesetzt, der vom Ort aus nahezu unsichtbar ist. Die integrative und nachhaltige Weise, in der Gebäude, Material und Haustechnik gestaltet wurden, ergibt ein angenehmes und funktionales Arbeitsumfeld, in dem auch das kleinste Detail mit Sorgfalt behandelt wurde. Daher erhält die Zentraltunnelwarte Hausmannstätten eine Anerkennung.

Special Recognition: Sports and Wellness Center Eggenberg "Auster", Graz
fasch&fuchs.architekten

Like many other public facilities, also public swimming pools have to be taken to a next level. The Sports and Wellness Center Eggenberg is such a contemporary facility, where school kids, athletes and wellness-seeking individuals all can enjoy the water under one roof and outdoor. All the differences are worked out in an arrangement of contemporary and fresh ambiances. The fact that the building is transparent also to the outside is an important gesture to join the big building with its context. The Sports and Wellness Center Eggenberg deserves a special recognition.

Special Recognition: Main Tunnel Monitoring Complex, Road Maintenance Depot und Main Workshop of the Province of Styria, Hausmannstätten
Dietger Wissounig Architekten

The good incorporation of very large utilitarian and infrastructural buildings in the landscape of small settlements like the Berndorf district in Hausmannstätten is one of the big problems of our time. On a site of almost 18,000 m², a volume of 35,000 m³ is convincingly conceived as a built topography, almost invisible from the village. The integrated and sustainable way in which the structure, material and building services have been designed results in a pleasant and functional working environment with care even for the smallest details. Therefore, the Main Tunnel Monitoring Complex Hausmannstätten achieves a special recognition.

SUPERHIRNE
UNTERM
STEIRERHUT

VERSTREUTE
BEOBACHTUNGEN
ZUR STEIERMARK

Werner Schandor

„Wenn du die Leute in unserem Tal fragst, was für sie Heimat bedeutet, dann sagen sie: ‚Die Hoamat muass die Hoamat bleiben.' – Ich weiß nicht, was das heißen soll, ich kann mit dem Spruch nichts anfangen", sagt mein Gesprächspartner. Bernhard ist knapp 50 Jahre alt; er und seine Frau betreiben eine kleine Landwirtschaft, im Winter arbeiten beide im Tourismus: er als Berg- und Schitourenführer, sie als Schilehrerin. Ihr Hof steht an einem steilen Hang in einem Tal in den Niederen Tauern. Sackgasse. Nur im Sommer kann man wandernd den Sattel überqueren, der am Ende des Tales hinüber auf die Murtaler Seite des Gebirgszugs führt.

Im idyllischen, im Sommer von Wanderern stark frequentierten Talschluss liegt ein See. Von Juli bis September grasen die Kühe an seinen Ufern. Auf einem der Felsblöcke, die die Bergflanken heruntergestürzt sind, ist eine Gedenktafel angebracht: Erzherzog Johann hat an dieser Stelle die Schönheit der Berge bewundert. Erzherzog Johann von Österreich. Ahnherr der Steirer. Menschenfreund. Innovator, der die Steiermark im 19. Jahrhundert vom rückständigen Agrarland in eine sozial relativ verträgliche Industrieregion ummodelte. Sonder Zahl seine Gründungen: Schulen, Hochschulen, Infrastruktureinrichtungen, Versicherungen, Museen, Industriebetriebe ... Auf Johanns Spuren stößt man im ganzen Land – vom entlegenen Toplitzsee im Ausseerland über sein Denkmal am Grazer Hauptplatz bis hinunter in die 1919 an Slowenien abgetretene Untersteiermark, die trotzdem in der offiziellen Landeshymne noch besungen wird. Johann, so scheint es, gab auch das „role model" für die steirischen Landeshauptleute nach 1945 ab, die sich – von Josef Krainer sen., der das Amt von 1948 bis 1971 innehatte, bis Waltraud Klasnic (1996 bis 2005, beide Volkspartei) – in ihrer Rolle als mehr oder weniger autoritär regierende, volksverbundene Landesfürsten gefielen. Erst der sozialdemokratische Landeshauptmann Franz Voves, seit 2005 an der politischen Spitze des Landes, nimmt ein anderes beliebtes Rollenbild in Anspruch: das des erdigen steirischen Sturschädels, der (zumindest verbal) schon mal rabiat wird gegen die Bundesregierung in Wien.

Von der Renitenz der Steirerleute können aber auch Voves und sein LH-Vize Hermann Schützenhöfer mittlerweile ein Liedchen singen. Mit dem Beschluss, 254 der bis dato 542 steirischen Gemeinden zusammenzulegen und so größere

MASTERMINDS UNDER THE STYRIAN HAT

SCATTERED OBSERVATIONS ON STYRIA

Werner Schandor

"If you ask the people in our valley what home means to them, they say: 'Home has to remain home.'—I don't know what that's supposed to mean; I have no use for that saying," my conversation partner replies. Bernhard is almost 50 years old; he and his wife run a small farm. In the winter they both work in tourism: he as a mountain and ski tour guide, she as a skiing instructor. Their farm is situated on a steep slope in a valley in the Lower Tauern mountains. A dead end. At the end of the valley is the saddle leading over to the Mur Valley side of the mountain range, which can only be hiked across in the summer.

At the idyllic end of the valley, which is strongly frequented by hikers in the summer, lies a lake. From July to September the cows graze on its shores. A memorial plaque is mounted on one of the boulders that tumbled down from the mountainside: Archduke Johann admired the beauty of the mountains at this spot. Archduke Johann of Austria, the progenitor of the Styrians. A friend of mankind. An innovator who remodeled Styria in the 19th century from a backward agrarian province into a socially, relatively accommodating industrial region. Among his countless foundations: schools, universities, infrastructure facilities, insurances, museums, industrial enterprises. One comes across Johann's traces all over Styria – from the remote Lake Toplitz in Ausseerland, to his monument on Graz's Main Square, down to Lower Styria, which was ceded to Slovenia in 1919, but is none-theless still sung about in the official state anthem. Johann, so it seems, also served as the role model for the Styrian governors after 1945—from Josef Krainer, Sr., who held the office from 1948 to 1971, to Waltraud Klasnic, from 1996 to 2005, both from

Verwaltungseinheiten zu schaffen, wie es zuvor schon mit einigen steirischen Bezirken geschah, lösten sie Aufruhr unter den steirischen Ortskaisern von ÖVP und SPÖ aus. Viele Bürgermeister forderten ihre Bürger anlässlich der österreichischen Nationalratswahl im September 2013 auf, eine Proteststimme abzugeben. Das Ergebnis: Die rechtspopulistische FPÖ erhielt fast ein Viertel der Stimmen. Mehr als in jedem anderen Bundesland.

Die Steiermark, was ist das?

Die Steiermark ist mit einer Fläche von über 16.000 km² nur wenig kleiner als Slowenien und in etwa so groß wie Thüringen – mit 1,2 Mio. Einwohnern allerdings nur halb so dicht besiedelt wie das deutsche Bundesland. Was vermutlich an der Topographie liegt: Rund ein Drittel der Steiermark ist gebirgig – mit Seehöhen zwischen fast 1000 m auf der südsteirischen Remschnigg Alm an der Grenze zu Slowenien bis zu nicht ganz 3000 m am Dachsteinmassiv im Norden.

Während die Ostalpen in der Obersteiermark und am Alpenrand nördlich von Graz für eine dichte Besiedelung in den Tälern sorgen, ist der Rest des Landes – südlich, östlich und westlich der Landeshauptstadt – hügelig mit eingelagerten Ebenen, die die Flüsse Mur, Raab und Feistritz aufgeschüttet haben. Diese Hügellandschaften sind einem fortschreitenden Zersiedelungsprozess unterworfen – Resultat einer kurzsichtigen Raumplanung, deren Entscheidungsgewalt in den Händen der bisher 542 steirischen Bürgermeisterinnen und Bürgermeister liegt. Und die sparen offensichtlich kaum etwas aus, wenn es um die Erteilung einer Baugenehmigung geht. Zusätzlich zu den Einfamilienhäusern wurden in den letzten 15 Jahren an den Rändern vieler steirischer Kleinstädte neue Gewerbegebiete und Einkaufszentren mit einem entsprechenden Angebot an Parkplätzen auf die grüne Wiese gestellt, während – wie es das so mit sich bringt – die meisten Ortskerne zusehends veröden. Schätzungen der Agrarbezirksbehörde zufolge werden in der Steiermark zwischen 15 und 25 Hektar Boden pro Tag (!) durch Bebauung „verbraucht". Das ergibt eine zum Teil unwiederbringlich versiegelte Fläche von rund 73 km² pro Jahr. Zum Vergleich: Die Landeshauptstadt Graz erstreckt sich über 124 km². Weitere Folgen dieser Zersiedelungspolitik: ein erhöhtes regionales Verkehrsaufkommen insbesondere im motorisierten Individualverkehr, worunter wiederum die Luftgüte leidet – die Achillesferse bei den ansonsten sehr guten Werten in Sachen Lebensqualität in der Steiermark.

Wo liegt die Steiermark?

Wenn man in Google Maps nach „Steiermark" sucht, wird die Nadel mitten in die Niederen Tauern gesteckt, und zwar am Triebener Tauern, einer im Winter oft schlecht passierbaren Passstraße zwischen Trieben im Liesingtal und Judenburg im oberen Murtal. Soweit das Gelände bewirtschaftbar ist, überwiegen in der Obersteiermark, die sich vom Ausseerland bis zur Mur-Mürz-Furche erstreckt, Tourismus (4 Mio. Nächtigungen im Jahr im Ausseerland und im Ennstal) sowie Land- und Forstwirtschaft. In der Mur-Mürz-Furche konzentriert sich ein Gutteil der steirischen Industrie-Unternehmen. Die Industrie stellt mit ca. 25 % Anteil am Wirtschaftsvolumen die größte Wirtschaftssparte des Landes. Metallerzeugung und -verarbeitung, Fahrzeugbau sowie Elektronik und Elektrotechnik sind die wichtigsten Industriesektoren des Landes. In der Steiermark werden unter anderem Schienen, Industrieanlagen, ICE-Komponenten, Allradautos und Halbleiter hergestellt. Dass man der Steiermark den Industriesektor kaum ansieht, liegt an einem weiteren Kennzeichen des Landes: dem Waldreichtum. Fast zwei Drittel

the Austrian People's Party—who liked their roles as more or less authoritarian-ruling, folksy territorial sovereigns. Governor Franz Voves, a Social Democrat who has held the state's highest office since 2005, is the first to utilize a different, popular role model: that of the earthy Styrian bullhead who (at least verbally) has been known to become furious at the Federal Government in Vienna at times.

But Voves and his Vice Governor Hermann Schützenhöfer can meanwhile tell us a thing or two about the recalcitrance of the Styrians. With the decision to merge 254 of the current 524 Styrian communities and to create larger adminis-trative units, which had already been done in some Styrian districts, they sparked an uproar among the Styrian "local emperors" of the ÖVP and SPÖ. Many mayors called on their citizens to cast a protest vote during the Austrian parliamentary election in September 2013. The result: the right-wing populist Freedom Party (FPÖ) received nearly a quarter of the votes. More than in any other federal state.

Styria, What Is That?

With an area of over 16,000 km², Styria is only slightly smaller than Slovenia and is about as large as Thuringia—with 1,2 million inhabitants, however, it is only half as densely populated as the German federal state. Which probably has something to do with the topography: Around one-third of Styria is mountainous—with altitudes ranging from nearly 1,000 meters on the South Styrian Remschnigg Alm bordering Slovenia, to the not quite 3,000 meters on the Dachstein massif in the north.

While the Eastern Alps in Upper Styria and the edge of the Alps north of Graz provide for a dense settlement in the valleys, the rest of the state—south, east and west of the state capital—is hilly, with enclosed plains that the Mur, Raab and Feistritz rivers filled in. These hilly landscapes are subject to an advancing process of urban sprawl—the result of shortsighted land-use planning, whose power of decision lies in the hands of the 524 Styrian mayors to date. And they apparently spare hardly anything when it comes to granting a building permit. In addition to the single-family houses, new commercial areas and shopping centers with a cor-responding offer of parking spaces were placed on top of the green meadows at the edges of many Styrian towns in the last 15 years, while—as such development entails—most of the town centers are becoming noticeably desolate. According to the estimates of the agrarian district authorities, between 15 and 25 hectares per day (!) are "consumed" by development. That amounts to a partially irretrievably sealed area of around 73 square kilometers per year. By way of comparison: the state capital Graz covers 124 square kilometers. Further consequences of this un-planned settlement policy: increased regional traffic volume, particularly in motor-ized individual transport, under which, in turn, the air quality suffers—the Achilles tendon of the otherwise very good data in respect to quality of life in Styria.

Where Does Styria Lie?

If one looks in Google Maps for "Styria," the pin will be pointed in the middle of the Lower Tauern mountains, namely on the Trieben Tauern Pass, one of the mountain pass roads between Trieben in Liesing Valley and Judenburg in the Upper Mur Valley that are often barely passable in the winter. Insofar as the terrain is arable, tourism (4 million overnight stays per year in Ausseerland and in the Enns Valley), as well as farming and forestry predominate in Upper Styria. A good por-tion of the Styrian industrial firms are concentrated in the Mur-Mürz Furrow. With an approx. 25 % share of the economic volume, industry is the largest economic

des Bundeslandes sind bewaldet. In Summe über eine Million Hektar Wald. Der Großteil davon im bergigen Norden des Landes.

Am Südrand der Ostalpen liegt die Landeshauptstadt Graz. Mit über 265.000 Einwohnern – Tendenz steigend – ist Graz die zweitgrößte Stadt Österreichs. Wenn man alle Titel und Tourismus-Slogans betrachtet, die sich die Stadt in den letzten Jahren gegeben hat – Genusshauptstadt, Kulturhauptstadt, Architektur-hauptstadt, City of Design, Bildungsstadt, Einkaufsstadt, Ökostadt, „Österreichs heimliche Liebe", Stadt der Menschenrechte, Automobilhauptstadt und so weiter und so fort – könnte man auf eine Identitätskrise im fortgeschrittenen Stadium schließen. Dann wäre dieses Anhäufen von Selbstzuschreibungen eine Reaktion auf den wirtschaftlichen, gesellschaftlichen und politischen Wandel, der die Steiermark – wie jede andere Region in Europa auch – in den vergangenen Dekaden erfasst hat.

Bis 1989 lag die Steiermark geopolitisch im Eck – in Randlage zum totalitär regierten Südosten Europas. Mit dem Fall des Eisernen Vorhangs ist die Region ins Zentrum des Kontinents gerückt, ohne aber aus ihrer bevorzugten Lage einen herausragenden Nutzen ziehen zu können. Andererseits: So schlecht steht die steirische Wirtschaft nicht da. Zwar sanken die Wachstumsraten in den vergangenen Jahren von wohligen 3,4 % (2005) auf einen Wert, der im Vorwort zum aktuellen steirischen Wirtschaftsbericht (2012) gar nicht mehr extra erwähnt wird. Er dürfte sich im österreichischen Schnitt von ca. 0,6 % bewegen. Viel lieber verweist man auf die im internationalen Vergleich noch sehr niedrige Arbeitslosen-quote von 6,8 %, auf die positive Außenhandelsquote und ein Produktionsvolumen von 35,4 Mrd. Euro. Worauf die Steiermark besonders stolz ist, ist die Innovations-kraft: Mit einer überdurchschnittlich hohen Quote bei Forschung & Entwicklung ist man europaweit unter den Top 4 – nach Baden-Württemberg, Nordfinnland und der Region Kopenhagen. Im Umfeld und unter Mitwirkung von fünf Universitä-ten und zwei Fachhochschulen mit insgesamt 53.000 Studierenden wird einiges an Wissen generiert. In der Wirtschaft ist der Fahrzeugtechnik-Sektor mit Unter-nehmen wie Magna Steyr, AVL und Siemens Mobility einer der wesentlichen Innovationsmotoren, dicht gefolgt vom aufstrebenden Bereich der Umwelttechnik und innovativer Energiegewinnung, wo sich 150 Unternehmen mit einem Jahres-umsatz von 10,2 Mrd. Euro zur „Eco World Styria" zusammengeschlossen haben. Sie bilden eines der führenden globalen Wirtschaftsnetzwerke seiner Art.

„DAS IST WUDSTOUCK MIT KRÄFTIGEN DIPHTHONGEN."

Urlaub in der Steiermark

Viele Zahlen und noch kein Eindruck vom Land. Den erhält man am ehesten, wenn man sich durch die Steiermark bewegt. Vorzugsweise im Auto(bus), mit dem Rad oder wandernd. Weil man da am meisten sieht. Berge, Wiesen, Wälder, Almen, Hügel, Weingärten, Obstbäume in Reih und Glied, Teiche, Dörfer, Täler, Ebenen, Thermen, Kirchen, Schlösser, Ruinen, Gasthäuser, Gästezimmer und Buschenschenken – das ganze weiß-grüne Urlaubsprogramm. Touristisch be-trachtet ist die Steiermark ein ewiger Geheimtipp: „Die höheren Berge stehen in Tirol, die prunkvolleren Schlösser im Salzburgischen, und die renommierteren Weine kommen aus dem Burgenland oder der Wachau. Aber es gibt ein steirisches

sector of the state. Metal production and processing, vehicle construction, as well as electronics and electrical engineering are the state's most important industrial branches. Among other things, rails, industrial plants, ICE components, four-wheel drive cars and semiconductors are manufactured in Styria. The fact that one hardly notices the industrial sector in Styria lies in a further characteristic of the state: the abundance of forests. Nearly two-thirds of the federal state are tree-covered—over one million hectares of forest in total, the majority of it in the mountainous northern part of the state.

Graz, the state capital, is located at the southern edge of the Eastern Alps. With over 265,000 inhabitants—and counting—Graz is Austria's second largest city. If one observes all the titles and tourism slogans abounding in the city in recent years—Enjoyment Capital, Cultural Capital, Architecture Capital, City of Design, Education City, Shopping City, Eco City, "Austria's secret love," City of Human Rights, Automobile Capital and so forth and so on—one could suggest an identity crisis at an advanced stage. This accumulation of self-attributions, then, would be a reaction to the economic, social and political change that has gripped Styria—like every other region in Europe, too—in the past decades.

Until 1989, Styria laid in the geopolitical corner—on the fringe of totalitarian-ruled Southeast Europe. With the fall of the Iron Curtain, the region moved into the center of the continent, albeit without being able to gain any outstanding benefit from its advantageous location. On the other hand: the Styrian economy is not doing badly at all. Growth rates did in fact sink in the past years from a comforting 3.5% (2005) to a figure that is no longer specially mentioned in the preface to the current Styrian economic report (2012). It should range in the Austrian average of approx. 0.6%. One much rather prefers to point out the still very low unemployment rate of 6.8% in international comparison, or the positive foreign trade ratio and a production volume of 35.4 billion euros. What Styria is especially proud of is its innovative strength: With a higher than average R&D share, the state ranks among Europe's Top 4—after Baden-Wuerttemberg, North Finland and the Copenhagen region. Through the cooperation and involvement of five universities and two universities of applied sciences with a total of 53,000 students, a considerable amount of knowledge is being generated. One of the crucial innovative engines in the economy is the automotive engineering sector with companies such as Magna Steyr, AVL and Siemens Mobility, closely followed by the up-and-coming sector of environmental technology and innovative power generation, where 150 firms with an annual turnover of 10.2 billion euros have joined the green tech cluster of "Eco World Styria." They form one of the leading global economic networks of its kind.

"THIS IS 'WUDSTOUCK' WITH BOLD DIPHTHONGS."

Vacation in Styria

A lot of numbers and still no impression of the countryside. One most likely obtains that by moving through Styria. Preferably by auto(bus), by bicycle or by hiking, because one sees the most that way. Mountains, meadows, forests, alpine pastures, hills, vineyards, fruit trees in rank and file, ponds, villages, valleys, plains, thermal baths, churches, castles, ruins, inns, guestrooms and wine taverns—the

Element, das jeder Gast sofort spürt", schreibt der Autor Gunnar Strunz in seinem Steiermark-Reiseführer. Und er benennt dieses Element: „Diese Symbiose von hochaufragendem Gebirge, grünem Almland, Rebenhügeln und fern verblauenden Weiten ist einzigartig; und sie schlägt die Besucher in ihren Bann."

Abgesehen von den poetisch-expressiven „fern verblauenden Weiten", die man höchstens an nicht dunstigen Tagen auf einem Berggipfel stehend wahrnehmen kann, hat Herr Strunz Recht: Die landschaftliche Schönheit der Steiermark schlägt viele Besucherinnen und Besucher in ihren Bann – egal, ob man damit die Hochebene der Ramsau am Fuß des Dachsteins meint, die autobahnbreiten Schipisten rund um Schladming, die beeindruckenden Felsflanken im Gesäuse, die mit Thermenhotels gespickten Hügel der Oststeiermark oder die Weinberge im Süden und Westen. Und auch immer mehr Steirerinnen und Steirer selbst sind sich, so scheint es, der Schönheiten der Steiermark bewusst und zelebrieren ihr Steirertum in Dirndl und Lederhose.

> „EINER MEINTE,
> DIE STEIERMARK
> SEI EINFACH DER
> DURCHSCHNITT
> VON ÖSTERREICH."

Letzter Schrei: Lederhose

Wenn es in den letzten zehn Jahren in der Steiermark einen auffälligen gesellschaftlichen Trend gegeben hat, dann ist es die „Vertrachtung" des Landes. Ab 1970 hat sich besonders Graz mit Festivals wie dem steirischen herbst oder dem Musikprotokoll und einer großen Zahl visionärer Architekten in Sachen zeitgenössischer Kunst und moderner Architektur international einen Namen gemacht. Seit der Jahrtausendwende kann man nun eine starke Gegenbewegung weg vom Modernen, hin zum Bodenständigen ausmachen.

In unzähligen oktoberfestartigen Veranstaltungen, die sich im Land ausbreiten, wird die Gelegenheit genutzt, den eigenen Körper in Trachten oder Trachtenverschnitte zu gewanden. Am augenfälligsten zeigt sich dieser Trend an der Volksmusikveranstaltung „Aufsteirern", die seit 2002 jährlich Mitte September in Graz steirische Volksmusikgruppen präsentiert und damit zuletzt an drei Festivaltagen geschätzte 130.000 Besucherinnen und Besucher angelockt hat. Die Landeshauptstadt verwandelt sich dabei in einen Catwalk für Trachtengewand. Das ist Wudstouck mit kräftigen Diphthongen.

„Einem Bundesland, das in der Lage ist, ein solches Verbum [„Aufsteirern"] hervorzubringen, mangelt es garantiert nicht an Selbstbewusstsein", schreibt Christoph Winder im September 2009 in der Tageszeitung *Der Standard*. Und weiter: „Im Aufsteirern schwingt, wie im Aufpimpen, Aufplustern oder Aufbrezeln, ein Stolz-sich-in-die-Brust-Werfen mit, eine unbändige Lust, sich in die Landestracht zu schmeißen und sich so der Welt in vollem Glanze zu präsentieren."

Deutlich kritischer wird eine derartige „unbändige Lust" von den deutschen Autoren Markus Metz und Georg Seeßlen in ihrem großen, zeitkritischen Essay *Blödmaschinen* gesehen. Sie schreiben über die Hinwendung zum Ländlichen ganz allgemein (und ohne vermutlich vom „Aufsteirern" je gehört zu haben): „Der Besitzer dieser [Trachten-]Kleidung hat sich die Natur angeeignet, Vitalität, Sexualität und Sentiment des Landvolkes, das man erfolgreich mit Häusern im Jodlerstil und Industriegebiet Nord vertrieben hat." Metz und Seeßlen interpretieren die Hinwendung zum „Volkstümlichen" auch als – freilich hilflos dumme – „Antwort auf die

complete white-and-green vacation program. Viewed from a touristic perspective, Styria is the eternal insider's tip: "The higher mountains stand in Tyrol, the more splendid castles in Salzburg, and the more renowned wines come from Burgenland or the Wachau. But there is a Styrian element that every guest immediately senses," writes author Gunnar Strunz in his travel guide to Styria. And he calls this element: "The symbiosis of lofty peaks, green alpine pasture land, wine-growing hills and distantly bluing expanses that is unique, and puts visitors under its spell."

Apart from the poetic-expressive "distantly bluing expanses," which one can best observe when standing on a mountain peak on a clear day, Mr. Strunz is right: The inherent natural beauty of Styria really captures the attention of many visitors—no matter if one means the elevated plateau of Ramsau at the foot of the Dachstein mountain, the autobahn-wide ski slopes around Schladming, the impressive rock faces in the Gesäuse region, the East Styrian hills, peppered with thermal hotels, or the vineyards in the south and west. And an increasing number of Styrian women and men, so it seems, are themselves aware of the beauties of Styria and celebrate their "Styrianness" in dirndls and leather trousers.

"ONE OPINIONED STYRIA IS SIMPLY THE AVERAGE OF STYRIA."

The Latest Rage: Leather Trousers

If there has been a noticeable social trend in Styria in the last ten years, then it has been the increasing prevalence of traditional costumes. As of 1970, particularly Graz acquired international renown in the fields of contemporary art, music and modern architecture with festivals such as steirischer herbst or the Musik-protokoll, and with a large number of visionary architects. Since the turn of the millennium, one can make out a strong counter movement, away from the modern and toward the down-homey.

In numerous Oktoberfest-like events that have spread across the state, the opportunity is used to dress one's own body in traditional apparel or traditional-looking clothing designs. This trend reveals itself most conspicuously at the folk music event "Aufsteirern," which has presented Styrian folk music groups in Graz every year in mid-September since 2002, and most recently attracted an estimated 130,000 visitors on the three festival days. In the process, the state capital transforms into a catwalk for traditional garb. This is a Styrian "Wudstouck" with strong diphthongs.

"A federal state that is in the position to create a verb ['Aufsteirern' = to 'Styria' oneself up], most certainly does not lack self-confidence," writes Christoph Winder in September 2009 in the daily newspaper *Der Standard*. And further: "In the word 'Aufsteirern'—like in to pimp up, to puff up, to get dolled up—a proud beating on the chest resonates along with it, an uncontrollable urge to dress oneself up in traditional Styrian attire and to thus present oneself to the world in full splendor."

Such an "uncontrollable urge" is more critically examined by the German authors Markus Metz and George Seeßlen in their great essay *Blödmaschinen* ("Machines of Stupidity"). They write about the orientation toward the rural in the most general sense (and presumably without ever having heard of "Aufsteirern"): "The owners of this [traditional] clothing have appropriated the nature, vitality,

kapitale Umweltvernichtung im kleinen [...]. Weil das, was verlorengeht, sogleich im Inneren der Blödmaschinen regeneriert wird [...]."

Das verwesende Wesen

Worin liegt das Wesen der Steiermark? fragte ich meine Freunde auf Facebook. Einer meinte, die Steiermark sei einfach der Durchschnitt von Österreich. Und vielleicht hat das auch die in Mürzzuschlag geborene Literaturnobelpreisträgerin Elfriede Jelinek so gesehen, als sie ihren Horror-Trash-Heimatroman *Die Kinder der Toten* im Mürztal ansiedelte. Er handelt von zwei jungen Untoten, verwesenden Wesen, die nicht zur Ruhe kommen und über den großteils waldigen Mittel- und Hochgebirgszügen dieser Landschaft schweben – satt angereichert mit Hinweisen auf Österreich als geschichtliche Mordsnation.

Zwei Schriftsteller, mit denen ich auf Facebook befreundet bin, erwähnten wiederum als besondere Kennzeichen der Steiermark die Engstirnigkeit und Alltagsbrutalität, wie man sie in den österreichischen Anti-Heimatromanen der 1970er Jahre nachlesen kann. Apropos: Ebenfalls aus den 1970er Jahren stammt Reinhard P. Grubers doppelbödiger „Roman mit Regie" mit dem Titel *Aus dem Leben Hödlmosers*, der nach wie vor als literarische Referenz empfohlen wird, wenn es um die Charakterisierung des Landes geht. Warum? Weil der heutige Steirer wie der alte Hödlmoser sei, meinte ein Facebook-Freund: renitent und geil. Vielleicht hat der Facebook-Freund mit diesem Urteil gar nicht so unrecht – siehe jüngstes Wahlergebnis, siehe hervorquellende Busen und arschknappe Lederhosen mancher Trachtenfreundinnen und -freunde.

Wir wissen: Die Hoamat muass die Hoamat bleiben. Und sie muss einiges an Gegensätzen unter einen Steirerhut kriegen. „Die Steirer sind meist ein wenig exzessiv in allem", antwortete die Journalistin Klaudia Blasl auf meine Facebook-Umfrage. „Und das ist nicht nur aufs Trinken oder Essen, sondern auf viele Lebensbereiche bezogen – von der Weinarchitektur (die hier etwas überproportional gebaut wurde) über die Wahlergebnisse bis zur angedrohten Watschen im Falle unliebsamer Kommentare. Die Steiermark ist entweder ganz retro oder ganz Avantgarde – die Mitte lebt offenbar anderswo."

Wenn man Klaudia Blasls Beobachtung weiterverfolgt, kommt man zu interessanten Gegensatzpaaren. Die Steiermark bringt beispielsweise zwei der schillerndsten Milliardäre Österreichs hervor – Frank Stronach und Dietrich Mateschitz – und zwei der einkommensschwächsten Bezirke Österreichs (Südoststeiermark und Leibnitz). Die Steirer halten sich für besonders genussfähig und ihren Lebensstil schon für fast mediterran (zumindest im Süden des Landes); gleichzeitig hat das Bundesland mit jährlich rund 230 Selbstmorden die höchste Suizidrate Österreichs. In der Steiermark koexistieren auf engstem Raum Häuslbauer-Wohngraus und Spitzenarchitektur ebenso wie Humptata und avancierte Hochkultur. Angesichts der bereits ins Treffen geführten Innovationskraft und der Vorliebe für Trachtenkleidung könnte man die Steiermark auch als das Land betrachten, wo Superhirne unterm Seppelhut leben. Was natürlich nichts anderes als ein Klischee ist. Doch wie schreibt der ungarische Autor Peter Esterházy: „Die Klischees einer Stadt [in unserem Fall: eines Landes] sind am lebendigsten (eben deshalb sind sie Klischees geworden), [...] folglich muss man sich vor Klischees nicht hüten, sondern sie in Augenschein nehmen, man muss sie anblicken können."

sexuality and sentiment of the peasantry, which one has successfully marketed with houses in yodeler style and Industrial Region North." Metz and Seeßlen also interpret this steering toward the "folk-like" as the—indeed helplessly stupid— "answer to the major environmental destruction on a small scale [...]. Since what gets lost will be immediately regenerated within the machines of stupidity [...]."

The Rotting Essence / Being

Wherein lies the essence of Styria?, I asked my friends on Facebook. One opined that Styria is simply the average of Austria. And Elfriede Jelinek, the Nobel laureate in literature who was born in Mürzzuschlag, perhaps also saw it in that way when she set her horror-trash regional novel *Die Kinder der Toten* in the Mürz Valley. It concerns two young undeads, rotting beings who do not get any peace and who hover over the mostly forested uplands and high mountain ranges of this landscape—lushly enriched with references to Austria as a historic murderous nation.

Two writers I am friends with on Facebook mention again the narrow-mindedness and everyday brutality, which one can read about in the Austrian anti-regional novels of the 1970s, as special characteristics of Styria. Apropos: Likewise originating from the 1970s is Reinhard P. Gruber's ambiguous "novel with stage directions," entitled *Aus dem Leben Hödlmosers*, which is still recommended as a literary reference when it comes to characterizing the state. Why? Because today's Styrians are like the old Hödlmoser, reckons a Facebook friend: unruly and horny. Perhaps the Facebook friend is not so wrong in his judgment—see the latest election results, see the protruding breasts and tight leather trousers of some of the female and male fans of traditional dress.

We know: Home has to remain home. And it has to fit a lot of contradictions under a Styrian hat. "The Styrians are, for the most part, a little excessive in everything," replied the journalist Klaudia Blasl to my Facebook survey. "And that not only refers to drinking or eating, but to many areas of life—from the wine architecture (which was somewhat disproportionately built here) to the election results, all the way to the threatened slap in the face in the case of unwelcome comments. Styria is either totally retro or totally avant garde—the mainstream apparently lives elsewhere."

If one follows up on Klaudia Blasl's observation, one comes to interesting pairs of contrasts. Styria, for instance, has produced two of the most glitzy Austrian billionaires—Frank Stronach and Dietrich Mateschitz—and two of the Austria's lowest-income districts (Southeast Styria and Leibnitz). Styrians consider themselves to be especially able to enjoy things, and their lifestyle to be nearly Mediterranean (at least in the south of the state). At the same time, the state has the highest suicide rate in Austria, with around 230 suicides annually. Coexisting in the smallest of spaces are home-builder horrors and top architecture, as well as oom-pah-pah and advanced high culture. In light of the aforementioned innovative power and the fondness of traditional attire, one could also view Styria as the state where masterminds live under the traditional Seppel hat. Which is nothing other than a cliché. Yet as the Hungarian author Peter Esterházy writes: "The clichés of a city [in our case: a state] are the most lively (precisely for this reason they have become clichés), [...] consequently, one does not have to be wary of clichés, but should rather take a good look at them; one has to be able to look at them."

Literatur:
Christian Bauer (Agrarbezirksbehörde für Steiermark):
Bodenverbrauch in der Steiermark. PDF eines Vortrags vom 3. Oktober 2013

Péter Esterházy:
Thomas Mann mampft Kebab am Fuße des Holstentores. Geschichten und Aufsätze.
Aus dem Ungarischen von Zsuzsanna Gahse. Residenz: Salzburg 1999

Reinhard P. Gruber:
Aus dem Leben Hödlmosers. Ein steirischer Roman mit Regie. Residenz: Salzburg 1973

Elfriede Jelinek:
Die Kinder der Toten. Roman. Rowohlt: Reinbek bei Hamburg 1995

Nestor Kapusta:
Aktuelle Daten und Fakten zur Zahl der Suizide in Österreich. Stand 2011

Land Steiermark:
Wirtschaftsbericht 2012

Markus Metz, Georg Seeßlen:
Blödmaschinen. Die Fabrikation der Stupidität. Suhrkamp: Frankfurt am Main 2011

Werner Schandor:
Steirisches Wein- und Hügelland. Falter: Wien 2010

Gunnar Strunz:
Steiermark. Das grüne Herz Österreichs. Trescher: Berlin 2010

References:
Christian Bauer (Agrarbezirksbehörde für Steiermark):
Bodenverbrauch in der Steiermark. PDF of a presentation on 3 Oct. 2013.

Péter Esterházy:
Thomas Mann mampft Kebab am Fuße des Holstentores. Geschichten und Aufsätze.
Translated from Hungarian by Zsuzsanna Gahse. Salzburg: Residenz (1999)

Reinhard P. Gruber:
Aus dem Leben Hödlmosers. Ein steirischer Roman mit Regie. Salzburg: Residenz (1973)

Elfriede Jelinek:
Die Kinder der Toten. Roman. Reinbek bei Hamburg: Rowohlt (1995)

Nestor Kapusta:
Aktuelle Daten und Fakten zur Zahl der Suizide in Österreich. Status 2011

Land Steiermark:
Wirtschaftsbericht 2012

Markus Metz, Georg Seeßlen:
Blödmaschinen. Die Fabrikation der Stupidität. Frankfurt am Main: Suhrkamp (2011)

Werner Schandor:
Steirisches Wein- und Hügelland. Vienna: Falter (2010)

Gunnar Strunz:
Steiermark. Das grüne Herz Österreichs. Berlin: Trescher (2010)

VOLKSSCHULE
HAUSMANNSTÄTTEN
.tmp architekten

1

Der Standort der neuen Volksschule Hausmannstätten, zurückgesetzt von der stark befahrenen Straße und nahe am „Generationenpark", ermöglicht die Nutzung der bestehenden Turnhalle und der Sportplätze, ohne den Erschließungbereich der benachbarten Hauptschule zu belasten. Die Errichtung der zwölfklassigen Schule wird von den Bezügen zu Landschaftsraum und den umgebenden Gebäuden sowie von der inneren Organisation, welche die Erschließungsflächen als Gemeinschaftszonen mit offener Bespielbarkeit interpretiert, bestimmt. Der dreigeschossige Baukörper sitzt an der bestehenden Böschungskante, nach Südwesten ist ein weiter Blick über die angrenzenden Felder möglich und der Eingangsbereich kann damit unmittelbar an den Uferbereich des „Generationenparks" anbinden. Gleichzeitig entsteht zwischen Volks- und Hauptschule ein Hof, der durch Sportfelder und den Nebeneingang zur Volksschule strukturiert wird. Definiert wird das Gebäude durch eine L-förmige Wandscheibe, die an der Böschung zum Sportplatz sitzt und sich aus dem Uferbereich in den sanft ansteigenden Hang schiebt. Über dieser Wandscheibe liegt das zweigeschossige Volumen mit Klassenräumen und Verwaltung.

Man betritt das Grundstück an seiner Südwestecke und kommt über einen überdeckten Vorbereich ins Haus. Vorbei an den zurückversetzten Garderoben und am offenen Speisesaal, der sich zum Fluss hin orientiert, führt die Haupttreppe parallel zur Böschung nach oben. Der Nebeneingang im Geschoss darüber grenzt direkt an diesen Bereich der Haupttreppe, die als räumlich bestimmendes Element mit der Lesegalerie der Bibliothek weitergeführt wird. Alle drei Geschosse wurden in einem Konstruktionsraster von acht mal acht Metern errichtet. Innerhalb dieser strengen Struktur, die optimale Variationsmöglichkeiten für die Klassen bietet, bilden Treppenlandschaften und Sonderunterrichtsräume einen wesentlichen Kontrapunkt. Diese Auflösung der Systematik thematisiert nicht nur die Bewegung im Haus, sondern auch den Aufenthalt in den Pausenbereichen. Die Funktionsüberlagerung von Erschließungs- und Pausenflächen unterstützt die Kommunikation der Kinder, aber auch ihre Interaktion mit den Lehrerinnen. Auf der Zugangsebene werden vorgelagerte Freiflächen als Verkehrs- und Aufenthaltsbereiche definiert, ihre Größe und Oberflächen wurden mit den Schulverantwortlichen im Rahmen einer kooperativen Außenraumgestaltung erarbeitet. Zur Beschattung und als Blickfang umgeben solitär gepflanzte Bäume das Schulhaus und tragen das leise Blätterspiel bis in die Klassenräume.

Das energetische Konzept beinhaltet eine dichte, hoch gedämmte Gebäudehülle, eine Fußbodenheizung auf Niedrigtemperaturbasis, kontrollierte Be- und Entlüftung sowie Tageslichtsteuerung der Klassenraumbeleuchtung in Abstimmung mit der Steuerung der außenliegenden Jalousien.

Set back from the busy road and close to the "Generationenpark," the site of the new Hausmannstätten primary school enables the existing gymnasium and sports fields to be utilized without encumbering the access area of the neighboring secondary modern school. The construction of the twelve-class school is determined by the references to the landscape and the surrounding buildings, as well as by the internal organization, which interprets the access areas as community zones with open usage. Sitting on an existing slope edge, the three-story structure offers a wide view over the adjacent fields to the southwest, thus enabling the entrance area to be directly integrated into the brookside area of the "Generationenpark." At the same time, a courtyard is created between the primary school and the secondary school, which is structured by the sports fields and the side entrance to the primary school. The building is defined by an L-shaped shear wall that sits on the slope toward the sports field and noses its way from the stream bank area into the gently rising hillside. A two-story volume with classrooms and administration offices lies above this shear wall.

One enters the premises on the southwest corner and the school by way of a covered forecourt. Going past the recessed cloakrooms and the open dining hall that orientates toward the brook, the main staircase runs parallel to the slope. The side entrance in the story above it borders directly on this area of the main staircase, which is continued as a spatially defining element with the reading gallery of the library. All three floors were erected in a construction grid measuring eight by eight meters. Within this strict structure, which offers optimal variation possibilities for the classes, the staircase landscapes and the special instruction rooms form a significant counterpoint. This dissolution of the systematics not only addresses the movement in the house, but also the stay in the break areas. The functional overlapping of access and break areas supports the communication of the children, as well as their interaction with the teachers. Open spaces placed in front of the access level are defined as traffic and lounge areas. Their sizes and surfaces were developed with school officials in the scope of a cooperative exterior design. Singly-planted trees surround the schoolhouse to serve as shading and as an eye-catcher, and carry the soft play of the leaves all the way into the classrooms.

The energy concept features a dense, highly insulated building envelope, a floor heating system on a low-temperature basis, as well as controlled aeration and ventilation in coordination with the controlling of the external blinds.

2

Volksschule Hausmannstätten
Primary School Hausmannstätten

Hauptstraße 50a, 8071 Hausmannstätten

Planung	Planning
.tmp architekten	
Projektleitung	Project management
Uli Tischler, Martin Mechs	
Projektmitarbeit	Project assistance
Johann Reiterer, Karl Schantl, Angelika Bauer,	
Ingomar Findenig, Peter Rous, Robert Rieder,	
Florian Schicho	
Projektteam	Project team
Johann Reiterer, Karl Schantl	
Statik	Structural engineering
ZT-Büro Dipl.-Ing. Manfred Petschnigg, Graz	
Bauherrschaft	Client
Hausmannstätten Schul-KG	
Schulbausanierungs-Kommanditgesellschaft	
Planungsbeginn	Start of planning
2009	
Fertigstellung	Completion
2011	
Grundstücksfläche	Plot area
6 700 m²	
Bruttogeschossfläche	Gross floor area
2 542 m²	

www.t-m-p.org

3

4

5

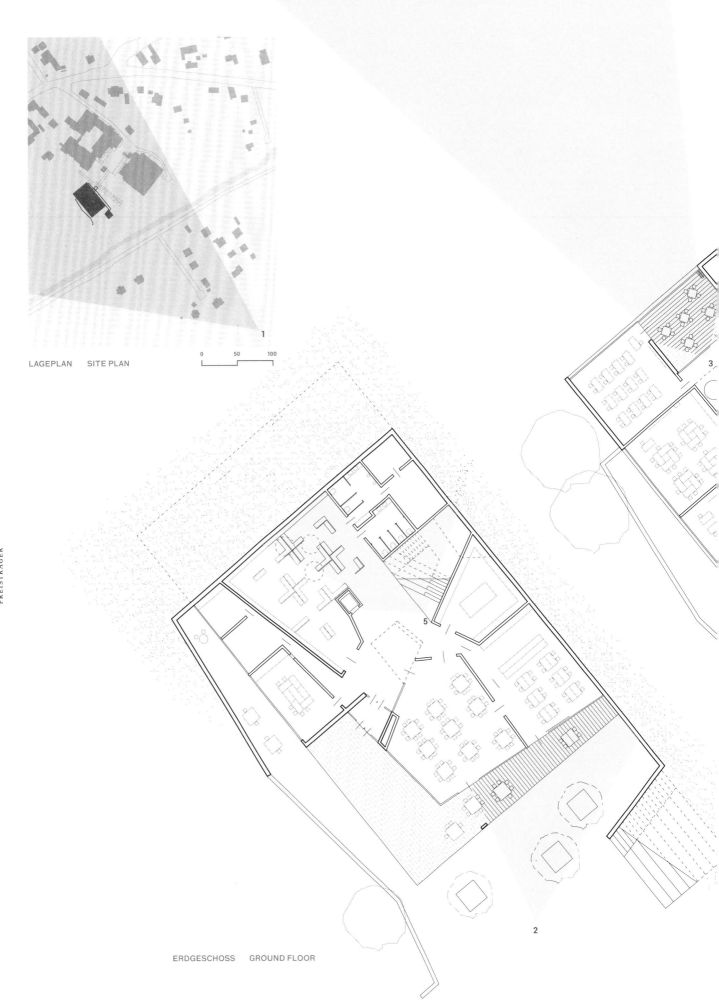

LAGEPLAN   SITE PLAN

0   50   100

1

5

3

2

ERDGESCHOSS   GROUND FLOOR

2. OBERGESCHOSS   TOP FLOOR

1. OBERGESCHOSS   UPPER FLOOR

0 1   5   10

(Nathalie de Vries) Wie schätzen Sie die Bedeutung des lokalen Kontexts für „Ihr" Gebäude ein?

Der Versuch, einen erlebbaren Schulweg zu schaffen, ist gelungen. Städtebaulich bildet das Gebäude, welches unter Nutzung einer Geländekante zur Flusslandschaft des Ferbersbaches hin situiert ist, einen harmonischen Abschluss unseres Schulzentrums.

(Nathalie de Vries) How do you value the significance of the local context for "your" building?

The attempt to create a way to school that is an experience in itself has succeeded. In an urban planning sense, the building, which is situated toward the stream landscape of the Ferbersbach and utilizes the edge of the terrain, forms a harmonic closure of our school center.

WERNER KIRCH-STEIGER
Bürgermeister   Mayor

Wie war die politische/finanzielle Situation im Rahmen des Bauvorhabens?

Dem gesamten Projekt liegen einstimmige Gemeinderatsbeschlüsse zugrunde. Die Finanzierung war mit einer der eingeschulten Gemeinden problematisch. Da auch die Flüssigstellung der Bedarfszuweisungen des Landes in einem Zeitraum von mehreren Jahren erfolgt, war eine teilweise Vorfinanzierung erforderlich. Die Gemeindeanteile wurden über Darlehen finanziert.

What was the political/financial situation like in connection with this project?

Unanimous town council resolutions formed the basis of the whole project. The funding was problematic with one of the enrolled communities. Since the liquidity of the Styrian government's fund allocations also ensued over a period of several years, a partial pre-financing was required. The town's share was financed by loans.

Wer definierte die inhaltlichen Rahmenbedingungen für das Bauvorhaben?

Das pädagogische Konzept der Schulleitung und die Vorstellungen der Gemeinde als Bauherr wurden gemeinsam mit den Planern abgestimmt und auf einen Nenner gebracht.

Who defined the content framework for the project?

The pedagogical concept of the school administration and the ideas of the community as the client were coordinated with the planners and reduced to a common denominator.

Wie kam es zur Auswahl des/der ArchitektIn und wie gestaltete sich die Zusammenarbeit?

Die Sieger eines Architektenwettbewerbs wurden mit der Planung beauftragt. Die Zusammenarbeit war während der gesamten Planungs- und Bauphase sehr konstruktiv und positiv.

How did the selection of the architect come about and how did the cooperation develop?

The winner of the architectural competition was commissioned with the planning. Throughout the whole planning and building phase, the cooperation was very constructive and positive.

(Nathalie de Vries) Welchen Stellenwert hat der lokale Kontext für Ihre Arbeit?

In unseren Projekten beziehen wir uns überwiegend auf die städtebaulichen, naturräumlichen und topographischen Rahmenbedingungen. Selbst dort, wo wir keine Rücksicht auf formale Bezüge zum lokalen Kontext nehmen, versuchen wir mit dem Konzept des jeweiligen Projekts inhaltliche, z. B. gesellschaftliche, soziale Zusammenhänge herzustellen.

(Nathalie de Vries) How important is the local context for your work?

In our projects, we predominantly refer to the urban, natural and topographical conditions. Even where we do not take formal references to the local contexts into account, we attempt to establish contextual, e.g., societal, social connections with the concept of the respective project.

Kann Ihr Projekt als „typisch steirisch" bzw. „typisch österreichisch" bezeichnet werden?

Als „typisch steirisch" bzw. „typisch österreichisch" würden wir unser Projekt nicht bezeichnen. Im Mittelpunkt stand die adäquate inhaltliche Umsetzung der Bauaufgabe „Schule". In einer Zeit, in der die Bildungsdebatte allgemein virulent ist, haben wir den Fokus auf die Debatte um den SchulRAUM gelegt.

Can your project be characterized as "typically Styrian," resp., "typically Austrian"?

We would not characterize our project as "typically Styrian," or "typically Austrian." The adequate content-related execution of the construction task "school" was the center of attention. At a time when the educational discussion was generally virulent, we placed the focus on the debate about the schoolroom as a room and a space.

Bitte beschreiben Sie Ihr Verhältnis zu Bauherrschaft bzw. NutzerInnen.

Unser Verhältnis zur Bauherrschaft und zu den NutzerInnen war geprägt von der Klarheit der Entscheidungen von Seiten der Bauherrschaft und vom großen Vertrauen dem Wettbewerbsprojekt und uns gegenüber. Unser Projekt wurde von Anfang an mit großer Offenheit aufgenommen, belebt und weitergeführt.

Please describe your relationship to the client and the users.

Our relationship to the client and to the occupants was characterized by the clarity of the decisions on the part of the client and by the great trust toward the competition project and us. Right from the start, our project was received, encouraged and continued with great openness.

ULI TISCHLER, MARTIN MECHS

.tmp architekten

Wie war die politische/finanzielle Situation in diesem Bauvorhaben?

Die Abwicklung des Projekts war trotz der lange fehlenden finanziellen Absicherung durch die Zuversicht und das Rückgrat der Bauherrschaft nie in Frage gestellt.

What was the political/financial situation like in connection with this project?

Through the confidence and backbone of the client, the execution of the project was never called into question, despite the long-missing financial security.

SPORT- UND WELLNESSBAD EGGENBERG „AUSTER"

fasch&fuchs.architekten

Gleich einer Auster, die sich großzügig zum Freibereich hin öffnet, um das intime Innere mit Tageslicht und Landschaft zu durchdringen, birgt eine Schale aus geschuppten Metallpaneelen sämtliche Bade- und Wellnesseinrichtungen. Durch die Situierung des Gebäudes an den straßenseitigen Grundstücksrändern bietet die gebaute Wasserwelt Schutz für den Freibereich.

Im Eingangsbereich, der etwa einen Meter über Straßenniveau liegt, werden die übersichtlich zonierten Funktionsabfolgen klar nach Schwimmbad und Wellness getrennt. Raumhohe Panoramaverglasungen verbinden die Schwimmhalle mit ihrem wettkampftauglichen 50-Meter-Becken, den Liege- und Zuschauertribünen, den Sprungtürmen sowie einem Lehrschwimmbecken mit anschließendem Kinderbereich und einem Gymnastikraum optisch mit dem Außenraum. Abgehängte Membranelemente sorgen gemeinsam mit den horizontal und vertikal geschwenkten bzw. gekippten Fassaden für eine optimale Raumakustik. Die Dachöffnungen bestehen aus transluzenten Gläsern, zusätzlich streuen die abgehängten Membranfelder das Licht und garantieren Blendfreiheit.

Das Restaurant liegt wie ein Zuschauerrang im „Schwimmbadtheater" mit bestem Blick auf Tagesbetrieb bzw. Wettkampfgeschehen. Die Garderoben, von denen aus kreuzungsfrei der Außenbereich zugänglich ist, und das Schwimmbad liegen auf einer Ebene, über die auch der Wellnessbereich direkt angebunden ist. Durch sanfte Geländemodellierung ist der Wellnessbereich vor den Blicken Badegäste geschützt und der ihm zugeordnete Freibereich zwar Teil der Parklandschaft, durch die vertikale Distanz aber dennoch in seiner Intimität bestätigt. Raumzonierungen entsprechen der notwendigen Abfolge von öffentlich bis privat. Die unterschiedlichen Angebote sind in einer Wellnesslandschaft mit thematisch gestalteten Pflanzenbecken angeordnet. Die im Raumvolumen eingehängte Ruheebene ist sowohl dem Therapie- als auch dem Wellnessbereich zugeordnet.

Die Parklandschaft des Eggenberger Bades ist nicht nur für den Freibereich des Bades, sondern auch für den Bezirk ein wichtiger Naturraum. Durch die Entfernung der alten Außentribünen kommt die großzügige Weite des Areals eindrucksvoll zur Wirkung.

Like an oyster (in German, "Auster") that generously opens up into the outdoor area to infuse the intimate interior with daylight and landscape, a scaled metal panel shell holds all of the bathing and wellness facilities. By situating the building at the property edges toward the street, the constructed water world provides protection for the outdoor area.

In the entrance area, which lies about one meter above the street level, the clearly zoned succession of functions are distinctly separated into the wellness area and the swimming pool. Ceiling-high panorama glazing optically connects the 50-meter indoor pool with its spectator and lounging stands, the diving towers, as well as a beginner's pool with an adjacent children's area and a gymnastics room, to the outdoor space. Suspended membrane elements, together with the horizontally and vertically canted, resp., tilted façades, provide for optimum room acoustics. The roof openings consist of translucent glazing; the suspended membrane panels additionally disperse the light and eliminate glare.

Lying like a spectator gallery in the "swimming pool theater," the restaurant affords the best view of the daily goings-on or of the competitions. Featuring intersection-free access to the outdoor area, the dressing rooms, as well as the swimming pool, are located on one level, which the wellness area is also directly connected to. By means of gentle terrain modeling, the wellness area is shielded from the of the bathers, and the open area assigned to it is indeed part of the park landscape, but its intimacy is nonetheless affirmed by the vertical distance. Spatial zoning in the wellness area corresponds to the necessary progression from the public to the private realm. The various offers are arranged in a wellness landscape with thematically designed plant basins. Suspended in spatial volume, the relaxation level is attached to the therapy and wellness areas.

The park landscape of the Eggenberg complex is not only an important natural space for the outdoor area of the pool, but also for the district. Since the old outdoor stands were removed, the spacious width of the area has impressively come into force.

8

7

Sport- und Wellnessbad Eggenberg „Auster"
Sports and Wellness Center Eggenberg "Auster"

Janzgasse 21, 8020 Graz

Planung	Planning

fasch&fuchs.architekten

Projektleitung	Project management

Fred Hofbauer

Projektteam	Project team

Günter Bösch, Regina Gschwendtner, Jürgen
Hierl, Joshua H. Kunicki, Torsten Künzler,
Andreas Laimer, Uta Lammers, Bianca Mann,
Thomas Mennel, Constanze Menke, Reinhard
Muxel, Martin Ornetzeder, Julia Preschern, Claudia
Rohrweck, Stefanie Schwertassek, Philipp Träxler,
Lucie Vencelidesová, Heike Weichselbaumer,
Erwin Winkler, Martina Ziesel, Christoph Zobel

Statik	Stractual engeenering

werkraum wien – ingenieure zt gmbh, DI Peter Resch

Bauherrschaft	Client

Stadtbaudirektion Graz
Freizeitbetriebe der Grazer Stadtwerke

Planungsbeginn	Start of planning

2008

Fertigstellung	Completion

2011

Grundstücksfläche	Plot area

46 436 m²

Bruttogeschossfläche	Gross floor area

15 837 m²

www.faschundfuchs.com
www.werkraumwien.at
www.graz.at

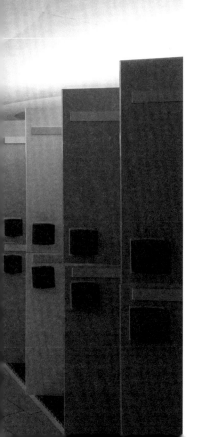

9

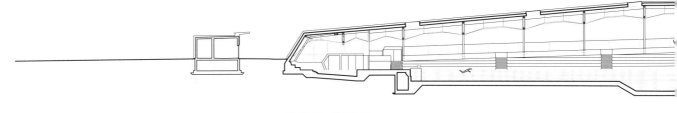

SCHNITT   SECTION

LAGEPLAN   SITE PLAN

0   50   100

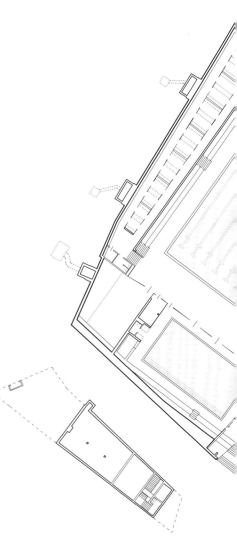

UNTERGESCHOSS -1   FLOOR -1

6

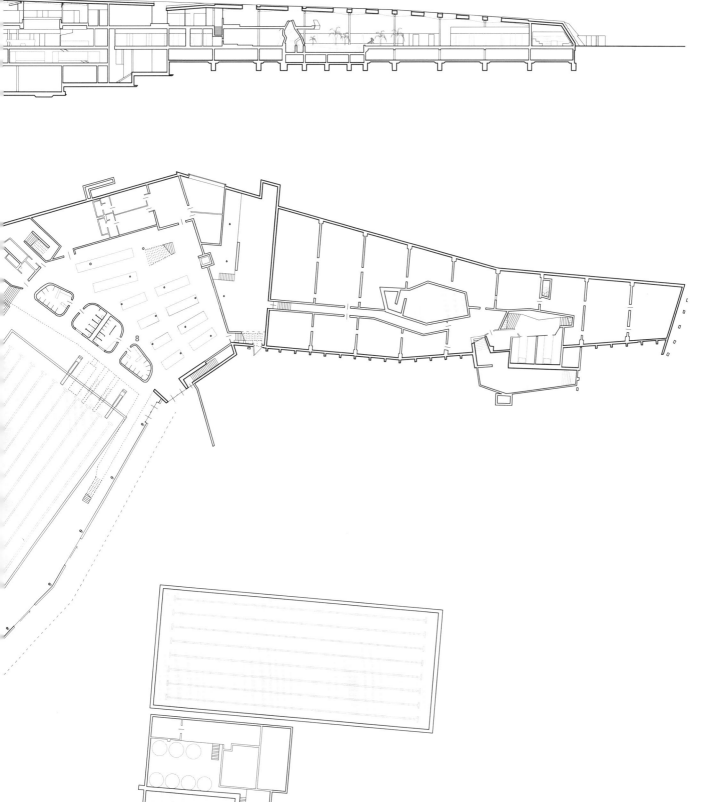

0 1   5   10

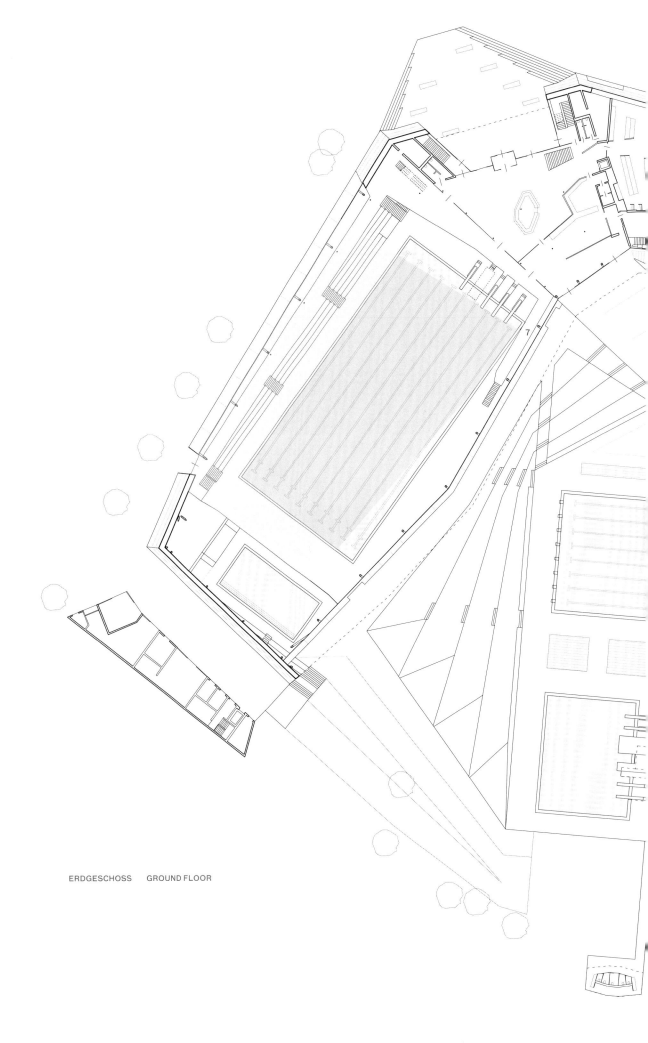

ERDGESCHOSS   GROUND FLOOR

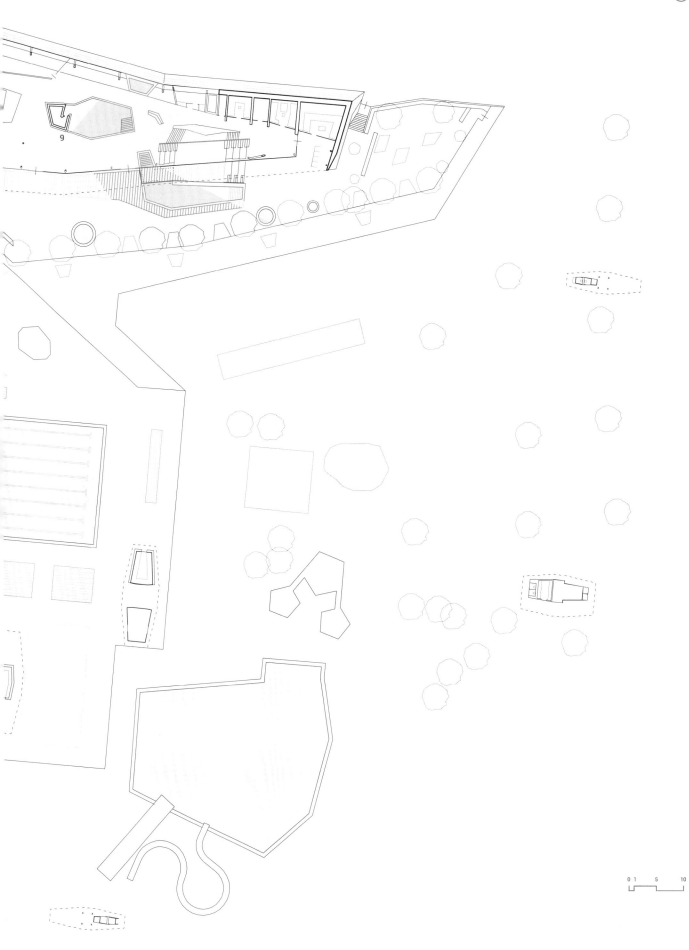

9

SPECIAL RECOGNITION

53   Sports and Wellness Center Eggenberg "Auster"

0 1   5   10

(Nathalie de Vries) Wie schätzen Sie die Bedeutung des lokalen Kontexts für „Ihr" Gebäude ein?

Aus städtebaulicher Sicht besticht die Auster durch ihre noble Zurückhaltung (abgesenkte Wasserfläche) und die klaren Formen und Konturen. Sie fügt sich mit ihrem zwei- bis dreigeschossigen Erscheinungsbild harmonisch in den umgebenden Stadtraum ein. Alles in allem ein sehr gelungener Impuls in einem Stadtteil, welcher durch das starke Wachstum der Stadt ständig urbaner ausgestaltet wird.

(Nathalie de Vries) How do you value the significance of the local context for "your" building?

From an urban planning perspective, the oyster is characterized by its noble restraint (lowered water surface) and the clear shapes and contours. It blends harmoniously with their two- to three-story appearance to the surrounding urban space. All in all, it is a very successful impulse in a district that will be constantly developed in a more urban manner owing the strong growth of the city.

Wie war die politische/finanzielle Situation im Rahmen des Bauvorhabens?

Aus fachlicher Sicht gab es enormen Handlungsbedarf, weil das alte Hallenbad die behördlichen Auflagen nicht mehr erfüllen konnte. Dazu kam, dass aus politischer Sicht die einmalige Chance bestand, eine Förderung für ein 50m-Hallenbad für Spitzensport durch Bund und Land zu erwirken. Somit konnte der städtische Finanzierungsanteil geringer gehalten werden als die alternativen Kosten für eine reine Sanierung des alten Bades ausgemacht hätten.

What was the political/financial situation like in connection with this project?

From a professional point of view, there was an enormous need for action, because the old indoor pool could no longer fulfill the regulatory requirements. In addition, from a political standpoint, the one-time chance arose to obtain a grant for a 50-meter indoor pool for top-class sports from the federal and state governments. As a consequence, the city's financial share could be kept lower than the alternative costs for a pure renovation of the old pool.

Wer definierte die inhaltlichen Rahmenbedingungen für das Bauvorhaben?

Diese wurden für den Bereich Sportbad durch das städtische Sportamt und für den Bereich Wellnessbad von der Grazer Holding definiert.

Who defined the content framework for the project?

These were defined for the sports pool area by the municipal sports department and for the spa area of the Graz Holding.

BERTRAM WERLE

Stadtbaudirektor Graz
Director for Urban Planning, Graz

Wie kam es zur Auswahl des/der ArchitektIn und wie gestaltete sich die Zusammenarbeit?

Der Gemeinderat beauftragte die Stadtbaudirektion im Jahr 2007 mit der Auslobung eines mehrstufigen anonymen EU-weiten Realisierungswettbewerbs. 195 Architekturbüros bekundeten ihr Interesse und in weiterer Folge wurden 46 Projekte eingereicht, von denen in einer zweiten Wettbewerbsstufe der Entwurf von fasch&fuchs.architekten als Sieger hervorging.

How did the selection of the architect come about and how did the cooperation develop?

The city council commissioned the Municipal Building Department with the tendering of a multi-stage, anonymous, EU-wide competition. 195 architect's offices expressed their interest and, in further consequence, 46 projects were submitted; the design by fasch&fuchs.architekten emerged as the winner in a second competition stage.

(Nathalie de Vries) Welchen Stellenwert hat der lokale Kontext für Ihre Arbeit?

Jedes Gebäude hat einen lokalen Kontext, seien es klimatische Bedingungen, die Topographie, die Geschichte des Ortes, die gebaute Umgebung oder der Naturraum. Architekten müssen den Ort und den lokalen Kontext erfahren und begreifen, um das Gebäude als Fortschreibung der Stadtentwicklung einfügen zu können.

(Nathalie de Vries) How important is the local context for your work?

Every building has a local context, be it climatic conditions, the topography, the history of the site, the developed surroundings or the physical region. Architects have to experience and comprehend the location and the local context in order to be able to integrate the building as an updating of the urban development.

Kann Ihr Projekt als „typisch steirisch" bzw. „typisch österreichisch" bezeichnet werden?

Können Merkmale, Spezifika eines Projekts auf regionale Merkmale zurückgeführt werden? Welche könnten diese für die Steiermark, für Österreich sein? – Die Antwort ist leichter durch eine Außen- als durch eine Innensicht zu finden.

Can your project be characterized as "typically Styrian," resp., "typically Austrian"?

Can features, specific details of a project be ascribed to regional attributes? Which could these be for Styria, for Austria?—The answer is easier to find through an outside view than through an inside one.

Bitte beschreiben Sie Ihr Verhältnis zu Bauherrschaft bzw. NutzerInnen.

Der Planungs- und Bauprozess war geprägt durch ein hohes Niveau an Diskussionsbereitschaft und -fähigkeit des Auftraggebers und das Interesse, Problemstellungen konstruktiv zu bearbeiten.

Please describe your relationship to the client and the users.

The planning and building process was characterized by the client's high level of willingness and ability to discuss, as well as by the interest in constructively working out problems.

HEMMA FASCH, JAKOB FUCHS

fasch&fuchs.architekten

Wie war die politische/finanzielle Situation in diesem Bauvorhaben?

Soweit für uns Planende sichtbar, war der politische Wille – nach anfänglichen finanziellen Startproblemen – entscheidend für die Realisierung des Projekts. Das Kostenziel musste und konnte eingehalten werden.

What was the political/financial situation like in connection with this project?

As far as it was visible to us planners, the political will—after initial financial starting problems—was decisive for the implementation of the project. The cost target had to and could be maintained.

ZENTRALTUNNELWARTE
HAUSMANNSTÄTTEN
Dietger Wissounig Architekten

Der große, flach in das Gelände entlang der neuen Ortsumfahrung Hausmannstätten geschmiegte Gebäudekomplex beinhaltet drei Funktionen: Zentrale Tunnelwarte, zentrale Werkstätte und Straßenmeisterei. Um den Eingriff so verträglich wie möglich zu gestalten, wurde der Baukörper als Teil der Landschaft interpretiert: Er folgt dem Verlauf der Straße, die begrünten Dächer, die auch klimatisch ausgleichend wirken, fügen sich optisch in das Bild der streifenförmig angelegten Ackerflächen ein. Eine bepflanzte Böschung bildet die Grenze zur Umfahrungsstraße und schirmt den Schall ab. Daneben trägt die Positionierung der langgestreckten Baukörper an einem gemeinsamen Rangierhof ebenfalls zur Verminderung der Lärmbelastung bei. Das Bauwerk nutzt die vorhandenen topographischen Gegebenheiten konsequent zur Schall-, Energie- und Wegeminimierung, sorgt mit seiner klaren, einfachen Formensprache aber auch für eine atmosphärische Stabilisierung des heterogenen Umfelds.

The large building complex, which nestles flatly into the terrain along the new Hausmannstätten bypass, comprises three functions: the main tunnel monitoring and control complex, the main workshop and the road maintenance depot. In order to design the intervention as accommodatingly as possible, the structure was interpreted as a part of the landscape: It follows the course of the road; the greened roofs, which also have a climatically compensating effect, optically blend into the picture of the strip-shaped arable land. A planted slope forms the boundary to the bypass road and muffles the noise. Moreover, the positioning of the elongated structure to a common handling yard likewise contributes to reducing the noise pollution. The building consequently utilizes the existing topographical conditions to minimize noise, energy and distances. With its clear, simple formal language, it also provides for an atmospheric stabilization of the heterogeneous setting.

11

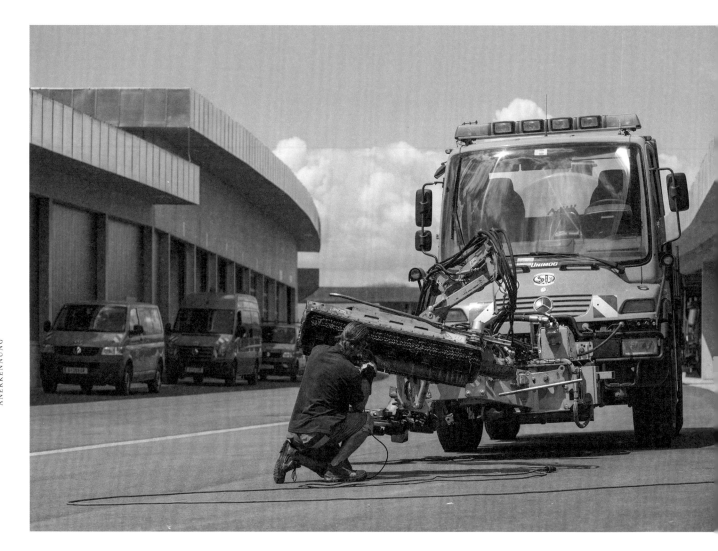

13

Zentraltunnelwarte, Straßenmeisterei
und Zentralwerkstätte des Landes Steiermark
Main Tunnel Monitoring Complex, Road Maintenance
Depot und Main Workshop of the State of Styria

St. Peter Straße 61, 8071 Hausmannstätten

Planung	Planning
Dietger Wissounig Architekten	
Projektleitung	Project management
Dietger Wissounig	
Projektmitarbeit	Project assistance
Thomas Wadl, Michael Höcketstaller,	
Nicola Schnabl, Patrick Steiner	
Statik	Structural engineering
Eisner ZT GmbH, Graz	
Bauherrschaft	Client
Land Steiermark	
Planungsbeginn	Start of planning
2010	
Fertigstellung	Completion
2012	
Grundstücksfläche	Plot area
17 851 m²	
Bruttogeschossfläche	Gross floor area
6 210 m²	

www.wissounig.at
www.zteisner.at
www.steiermark.at

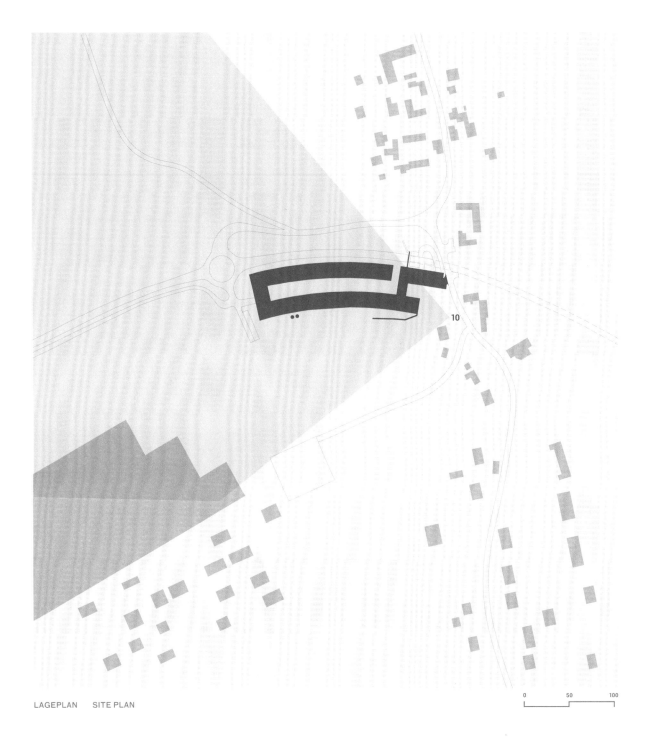

LAGEPLAN   SITE PLAN

10

0   50   100

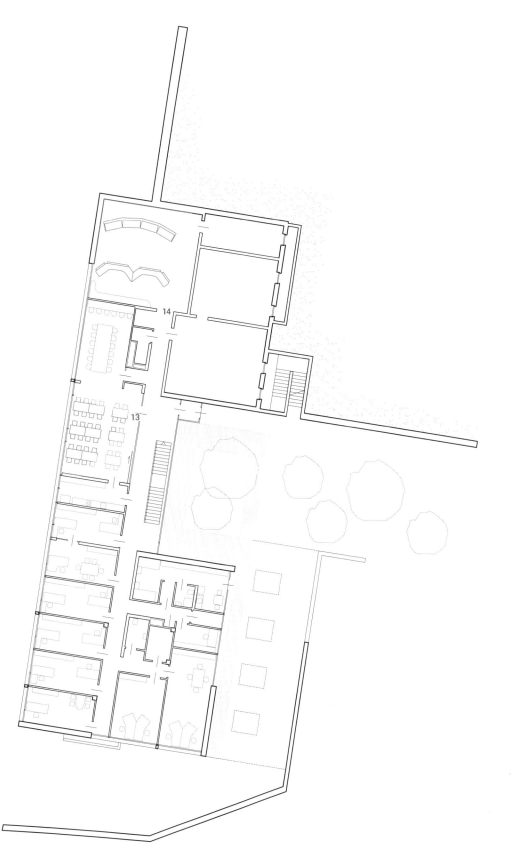

OBERGESCHOSS   UPPER FLOOR

0 1   5   10

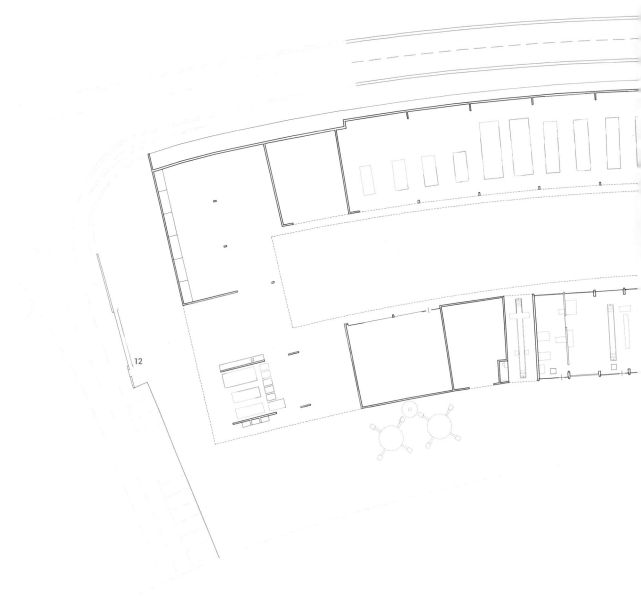

12

ERDGESCHOSS   GROUND FLOOR

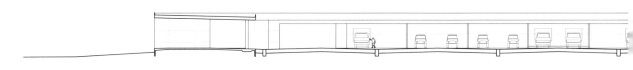

SCHNITT   SECTION

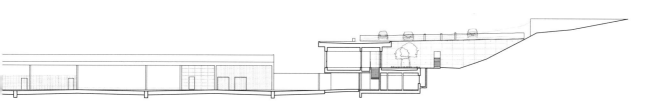

SPECIAL RECOGNITION

65   Main Tunnel Monitoring Complex Hausmannstätten

0 1   5   10

(Nathalie de Vries) Wie schätzen Sie die Bedeutung des lokalen Kontexts für „Ihr" Gebäude ein?

Der lokale Kontext für dieses Projekt war von größter Bedeutung. Dies gilt in erster Linie für das landschaftliche Umfeld, in das das Bauwerk eingebettet ist. Aber auch der Zusammenhang mit dem verkehrstechnischen Kontext (Tunnelein- bzw. -ausfahrt, die Straße als „Nachbarin" mit der begrünten Lärmschutzwand, die zugleich Teil des Garagengebäudes ist) war uns besonders wichtig.

(Nathalie de Vries) How do you value the significance of the local context for "your" building?

The local context for this project was of utmost importance. This primarily applies to the surrounding landscape that the structure is embedded in. But the connection with the traffic technology context (tunnel entrance, resp., exit, the road as a "neighbor" with the greened noise barrier, which is a part of the garage building at the same time) was especially important to us as well.

Wie war die politische/finanzielle Situation im Rahmen des Bauvorhabens?

Mit diesem Projekt war es möglich, die Straßenmeisterei von Liebenau in die verkehrstechnisch günstigere Lage südlich von Graz zu bringen, eine Zentraltunnelwarte für den südlichen Bereich der Steiermark zu etablieren und gleichzeitig große Teile der Tunnelausstattung und -infrastruktur von Hausmannstätten dafür zu nutzen. Daher war dieses Projekt auch wirtschaftlich gesehen eine hervorragende Lösung für das Land Steiermark und es ermöglicht uns in Zukunft einen effizienten und günstigen Betrieb. Daher gab es auch von der politischen Seite für dieses Projekt große Unterstützung.

What was the political/financial situation like in connection with this project?

This project gave us the possibility to bring the road maintenance depot from Liebenau into the more advantageous location south of Graz, to establish a main tunnel monitoring complex for the southern area of Styria and, at the same time, to use large parts of the tunnel equipment and tunnel infrastructure of Hausmannstätten for it. Therefore, also from an economic standpoint, this project was an excellent solution for the Styrian State Government, and it makes an efficient and cost-effective operation possible for us. That is why there was also great support for this project from the political side.

Wer definierte die inhaltlichen Rahmenbedingungen für das Bauvorhaben?

Die inhaltlichen Rahmenbedingungen wurden von der Landesverwaltung, also vom Bauherrn, klar definiert, wobei die NutzerInnen von Anbeginn bis zur Übergabe laufend eingebunden waren.

Who defined the content framework for the project?

The content framework was clearly defined by the Styrian State Administration, that is, by the client, whereby the users were constantly involved from the beginning up to the handover.

Wie kam es zur Auswahl des/der ArchitektIn und wie gestaltete sich die Zusammenarbeit?

Die Auswahl des Projekts wurde im Rahmen eines wettbewerbsähnlichen Auswahlverfahrens unter Einbindung der betroffenen NutzerInnen getroffen. Die Zusammenarbeit und die Kommunikation mit dem Architekturbüro waren ausgezeichnet.

How did the selection of the architect come about and how did the cooperation develop?

The selection of the project was made in the scope of a competition-like selection procedure involving the affected users. The cooperation and the communication with the architect's office were excellent.

ANDREAS
TROPPER

Landesbaudirektor
Head of Dept. Transport and
Building Construction

(Nathalie de Vries) Welchen Stellenwert hat der lokale Kontext für Ihre Arbeit?

Der lokale Kontext ist immer von großer Bedeutung. Bei diesem Projekt waren es vor allem die Größe des zu planenden Bauvolumens und die Kleingliedrigkeit und Heterogenität der bestehenden Bebauung, die das Thema – das Gebäude als Teil der Landschaft zu verstehen – nahezu aufdrängten: ein großes geschwungenes grünes Dach, das sich in die Textur der Streifenfluren des Grazer Beckens einordnet.

(Nathalie de Vries) How important is the local context for your work?

The local context is always of great importance. In this project, it was particularly the size of the construction volume to be planned and the small-scale and heterogeneity of the existing development that virtually imposed upon the theme—to understand the building as a part of the landscape: a large, curved green roof that aligns itself into the meadow strip texture of the Graz Basin.

DIETGER WISSOUNIG

Dietger Wissounig Architekten

Kann Ihr Projekt als „typisch steirisch" bzw. „typisch österreichisch" bezeichnet werden?

Wenn man sagt, dass gute Ausarbeitung im Detail, pragmatischer Umgang mit dem Raumprogramm, gestalterischer Ordnungswille typisch österreichisches Bauen ausmacht, dann glaube ich, dass das typisch steirische oder typisch grazerische Bauen immer wieder einmal aus dem selbstauferlegten Konzept mit einem Augenzwinkern ausbricht. So verstanden ist es typisch steirisch.

Can your project be characterized as "typically Styrian," resp., "typically Austrian"?

If one says that good execution in detail, a pragmatic approach to the space allocation, and a creative desire for order constitute Austrian construction, then I believe the typical Styrian or typical "Grazian" construction is constituted by the desire to break out of the self-imposed concept and out of working under the given restraints once again with a twinkle in one's eye. Understood in this way, it is typically Styrian.

Bitte beschreiben Sie Ihr Verhältnis zu Bauherrschaft bzw. NutzerInnen.

Zu Bauherrschaft und den NutzerInnen gab es durchgehend guten Kontakt. Schon bei der Auswahl des Projekts im Rahmen des Wettbewerbs waren die NutzerInnen eingebunden und redeten mit. Die Kommunikation mit ihnen war für die Planung, für die Lösung von Detailfragen sowie für das positive Ergebnis sehr wichtig und hilfreich.

Please describe your relationship to the client and the users.

There was continuously good contact to the client and the occupants. The occupants were already involved and had a say during the selection of the project in the scope of the competition. The communication with them was very important and helpful for the planning, for the solving of detail matters, as well as for the positive result.

Wie war die politische/finanzielle Situation in diesem Bauvorhaben?

Das Projekt entstand auf Wunsch der Landespolitik. Sowohl dort als auch auf kommunaler Ebene war und ist die politische Situation als sehr positiv zu bezeichnen. Die finanzielle Situation war derart, dass es trotz angespannter budgetärer Lage möglich war, die geplanten Qualitätsstandards einzuhalten.

What was the political/financial situation like in connection with this project?

The project developed at the request of state politics. Not only there, but also on the community level, the political situation was and is to be characterized as very positive. The financial situation was such that, despite the tight budget, it was possible to meet the planned quality standards.

MUSEUMSHOF
KAMMERN
Marion Wicher, yes architecture

Die Erhaltung historischer landwirtschaftlicher Bauten ist eine große Herausforderung für die Besitzer – seien es Privatpersonen, Vereine oder Kommunen. Als Relikte vergangener gesellschaftlicher Strukturen ist ihr Bestand extrem gefährdet, viele von ihnen wurden in den letzten Jahren entweder bis zur Unkenntlichkeit umgebaut, dem Verfall preisgegeben oder abgerissen.

Nicht so in Kammern, einer kleinen Ortschaft im Liesingtal mit ca. 1700 EinwohnerInnen: Hier beschloss die Gemeinde, den ehemaligen, im Ortszentrum gelegenen Hof der Familie Steinrisser samt benachbarter Scheune als Museum zu erhalten und zusammen mit dem neu gestalteten Dorfplatz als „Museumshof Kammern" zu einem attraktiven Ort kultureller und sozialer Begegnung zu machen.

Die zweigeschossige, steinerne Scheune mit traditionellen Ziegelschlichtungen in den Fensteröffnungen wurde um 1874 von einem italienischen Baumeister errichtet und prägt das Erscheinungsbild des Ortskerns. Hier sollte nun mit der privaten „Sammlung Böckel" eine Ausstellung historischer landwirtschaftlicher Geräte Platz finden. Das Gebäude wurde im Wesentlichen in seinem Zustand belassen, Einbauten wurden entfernt, Ziegel und Steinmauerwerk zum Teil sichtbar gemacht. Eine verglaste Öffnung zum Platz hin stellt die Beziehung zum neu gestalteten Dorfplatz mit Brunnen, Bühne und landschaftsplanerischen Elementen her, das in die Dachdeckung eingewobene Wappen der Gemeinde ist weithin sichtbares Zeichen.

Die Ausstellungsarchitektur übernimmt die Idee des natürlichen Jahreskreislaufs und führt die BesucherInnen über drei Etagen in einer enger werdenden Spirale bis unter das Holzhängewerk der Dachkonstruktion. Entlang dieses Weges ergeben sich immer wieder neue Perspektiven und Durchblicke, das dreidimensionale Betrachtungskonzept erlaubt es, die Ausstellungsobjekte von mehreren Seiten zu entdecken. Die Konstruktion selbst besteht aus drei Ebenen, die durch Rampen, Brücken und Stege miteinander verbunden sind, der Fußboden aus Lärchenholz und die Geländerbrüstungen aus Glas, um den Blick in alle Richtungen zu ermöglichen.

Im ehemaligen Wohnhaus wurden das Dorfmuseum und die „Sammlung Schüssler" mit mehr als 5000 Fossilien untergebracht. Die Ausstellungsgestaltung ordnet sich der historischen baulichen Substanz unter und bildet mit einfachen Stahlsockeln und -vitrinen den dezenten Hintergrund für die Exponate.

The preservation of historical agricultural buildings is a great challenge for the owners—whether they be private persons, associations or communities. As relics of bygone social structures, their stock is extremely threatened; many of them were either converted beyond all recognition, left to rot, or torn down.

That is not the case in Kammern, a small village of around 1,700 inhabitants in the Liesing Valley: Here, the community decided to preserve the former Steinrisser family farmyard, located in the town center, along with the neighboring barn as a museum and, together with the newly designed village square, to make the "Museumshof Kammern" into a place of cultural and social encounter.

The two-story stone barn with traditional brick layering in the window openings was erected by an Italian master builder around 1874 and characterizes the town center's appearance. An exhibition of historic agricultural tools, the private "Böckel Collection," is to now find a place here. The condition of the building essentially remained. Fittings were removed; brickwork and stone walls were partially exposed. A glazed opening toward the square establishes a relationship to the newly designed town square with a fountain, a stage, and planned landscape elements; the town emblem, integrated into the roofing, is a widely visible sign.

The exhibition architecture adopts the idea of the annual cycle of nature and leads the visitors through three levels into an increasingly narrowing spiral, all the way to under the wooden truss of the roof construction. New perspectives and vistas repeatedly unfold along this path; the three-dimensional viewing concept allows the exhibition objects to be discovered from several sides. The structure itself consists of three levels connected to each other by ramps, bridges and gang planks; the floor is made of larch wood and the full-glass railings enable a view in all directions.

Housed in the former residence are the village museum and the "Schüssler Collection" with more than 5,000 fossils. Accepting a subordinate role to the historic structural fabric, the exhibition architecture forms the subtle basis for the exhibits with plain steel bases and display cabinets.

16

17

Museumshof Kammern,
Neues Ortszentrum und Revitalisierung
Museum Kammern,
New Village Center and Revitalization

Hauptstraße 59, 8773 Kammern

Planung	Planning
Marion Wicher, yes architecture	

Projektleitung	Project management
Marion Wicher, Gottfried Steger	

Projektmitarbeit	Project assistance
Christian Zechner	

Statik	Structural engineering
DI Gerhard Zeiler, Trofaiach	

Bauherrschaft	Client
Marktgemeinde Kammern	

Planungsbeginn	Start of planning
2006	

Fertigstellung	Completion
2010	

Grundstücksfläche	Plot area
3 200 m²	

Bruttogeschossfläche	Gross floor area
850 m²	

www.yes-architecture.com
www.zeiler-bau.at
www.kammern-liesingtal.at

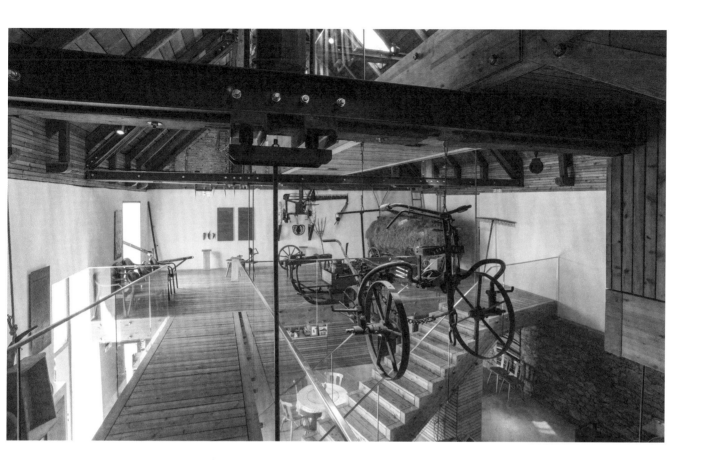

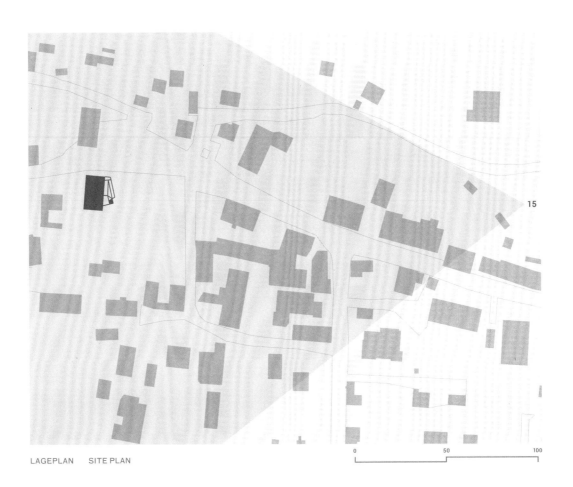

LAGEPLAN   SITE PLAN

15

0   50   100

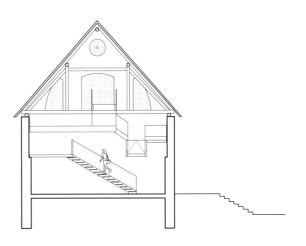

SCHNITT   SECTION

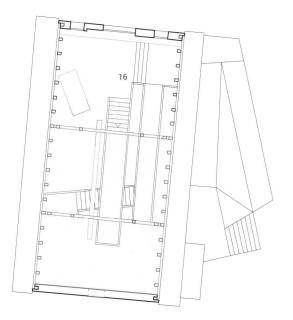

EBENE 3   LEVEL 3

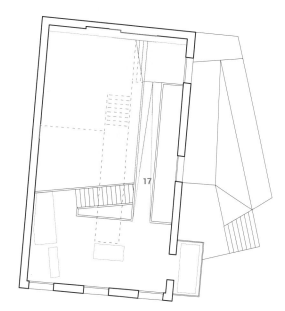

EBENE 2   LEVEL 2

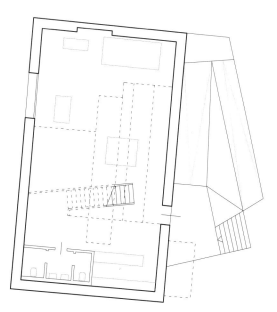

EBENE 1   LEVEL 1

0   1   5   10

Lambert Schüssler, Karl Dobnigg

(Nathalie de Vries) Wie schätzen Sie die Bedeutung des lokalen Kontexts für „Ihr" Gebäude ein?

Laut Aussagen vieler BesucherInnen aus nah und fern ist es architektonisch ein überaus gelungener Bau, wo neben dem Museumsbetrieb auch viele kulturelle Veranstaltungen – Konzerte, Hochzeiten, Geburtstagsfeiern usw. – auf Grund des wunderbaren Ambientes durchgeführt werden. Der Museumshof fügt sich darüber hinaus auch sehr gut in das Landschaftsbild ein.

(Nathalie de Vries) How do you value the significance of the local context for "your" building?

According to the statements of many visitors from near and far, it is, architectonically, an enormously successful building where, in addition to the museum operations, many cultural events—concerts, weddings, birthday parties, etc.—can be held because of the wonderful ambience. Beyond that, the museum also blends into the landscape very well.

Wie war die politische/finanzielle Situation im Rahmen des Bauvorhabens?

Leider hat es von der Oppositionspartei viele negative Aussendungen über die Errichtung und die damit verbundenen Kosten gegeben.

What was the political/financial situation like in connection with this project?

Unfortunately, a lot of negative information about the construction and the associated costs was sent out by the opposition party.

Wer definierte die inhaltlichen Rahmenbedingungen für das Bauvorhaben?

Architektin DI Marion Wicher, Dr. Reinhard Mittersteiner als Museumsexperte und ich als Bürgermeister.

Who defined the content framework for the project?

Architect DI Marion Wicher, Dr. Reinhard Mittersteiner, as the museum expert, and I myself, as the mayor.

KARL DOBNIGG
Bürgermeister   Mayor

Wie kam es zur Auswahl des/der ArchitektIn und wie gestaltete sich die Zusammenarbeit?

Frau DI Marion Wicher wurde mir von einem Freund als Architektin für die Planung unseres Dorfplatzes (inzwischen Marktplatzes) empfohlen. Die gute Zusammenarbeit sowie viele konstruktive Gespräche über die Gestaltung des Museumshofs führten dann zur neuerlichen Beauftragung.

How did the selection of the architect come about and how did the cooperation develop?

DI Marion Wicher was recommended as the architect for the planning of our village square (meanwhile a market town square) by a friend. The good cooperation, as well as the many constructive discussions about the design of the museum, then led to a further commission.

MARION
WICHER

yes architecture

(Nathalie de Vries) Welchen Stellenwert hat der lokale Kontext für Ihre Arbeit?

Einen sehr großen – das Projekt wurde mit der lokalen Bevölkerung zur Umsetzung gebracht. Ohne die tatkräftige Mitarbeit und das Einbringen von Ideen, Dingen und Arbeitskraft vieler engagierter Menschen wäre dieses Projekt nicht umzusetzen gewesen.

(Nathalie de Vries) How important is the local context for your work?

A very large one—the project was brought to fruition with the local populace. Without the energetic cooperation and the contribution of the ideas, objects and work of many committed people, this project would not have been carried out.

Kann Ihr Projekt als „typisch steirisch" bzw. „typisch österreichisch" bezeichnet werden?

Ich würde sagen – definitiv steirisch – im Sinne von lokal/ortsbezogen, aber auch typisch „österreichisch" im Sinne von unorthodox zusammengestoppelt. Aber eigentlich ist es typisch „Kammern". Ein absolut regionales Konzept, welches ausschließlich durch die Gemeindevertreter und Teile der Bevölkerung möglich wurde.

Can your project be characterized as "typically Styrian," resp., "typically Austrian"?

I would say—definitively Styrian—in the sense of being locally-/location-based, but also typically "Austrian" in the sense of unorthodoxly pieced together. But actually it is typically "Kammernish." An absolutely regional concept that became possible solely on account of the community representatives and parts of the populace.

Bitte beschreiben Sie Ihr Verhältnis zu Bauherrschaft bzw. NutzerInnen.

Nur durch intensive Diskussionen und Argumentation war dieses Projekt umzusetzen. Ein intensiver Prozess, bei dem man durchaus an seine Grenzen stoßen durfte.

Please describe your relationship to the client and the users.

This project was only to be implemented through intense discussions and argumentation. An intensive process in which one could definitely be stretched to one's limits.

Wie war die politische/finanzielle Situation in diesem Bauvorhaben?

Die politische Unterstützung war weitgehend parteienübergreifend gegeben – die finanzielle Situation mehr als beengt.

What was the political/financial situation like in connection with this project?

Cross-partisan political support was largely given—the financial situation was more than restricted.

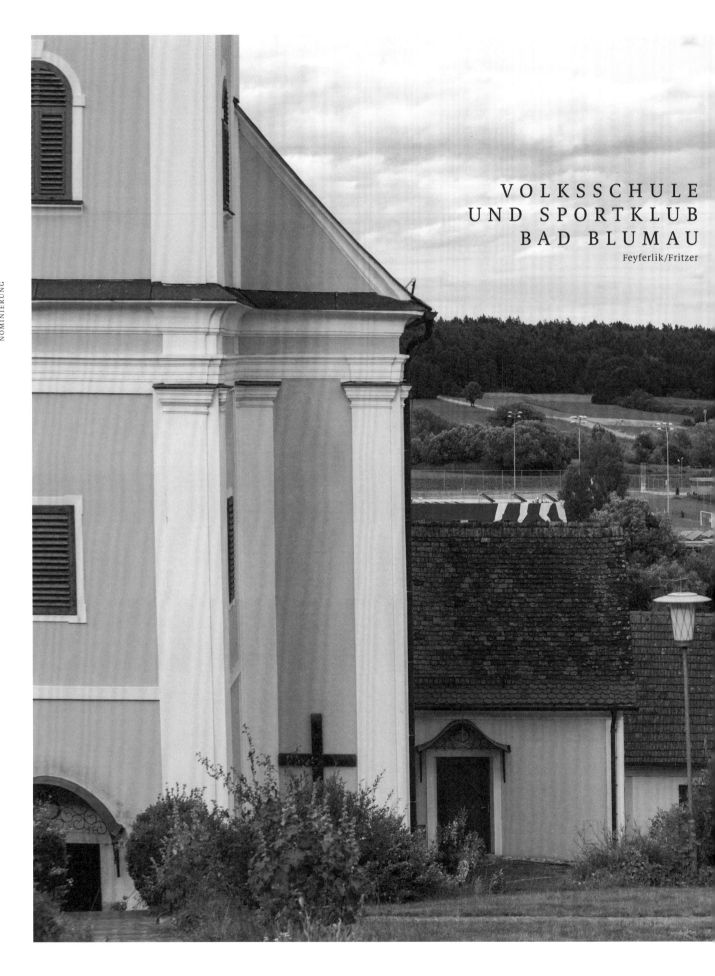

Feyferlik/Fritzer

1914-1918

Das Projekt ist Ergebnis des 2006 von Feyferlik/Fritzer gewonnenen Wettbewerbs für die Neuerrichtung einer Sportanlage und einer Volksschule.

„Das Projekt von Feyferlik/Fritzer, das nicht zuletzt wegen der Ebenerdigkeit, der Freiklassenzuordnung, der direkt zugeordneten Freiflächen und anderer wertvoller Denkansätze wie zweiseitige Belichtung der Klassen den Wettbewerb gewonnen hatte, wurde durch eine intensive und direkte Auseinandersetzung mit den Anliegen und Wünschen aller Projektbeteiligten und Nutzer optimal weiterentwickelt", lobte Architekt Georg Huber (Juryvorsitzender des Wettbewerbs) die Qualität des Projekts 2008.

Die Schule bietet viel Platz für einen wachen Geist und Bewegung, fördert die Freude am Lernen und bietet ausreichende Erholungs- und Rückzugsbereiche während der Pausen.

Der rechte Winkel wurde „gesprengt", um die Räume in ihrer Dreidimensionalität für Kinder erlebbar zu machen. Viele Sitzflächen und -nischen, sowohl innen als auch außen, laden die „Kleinen" zum Zusammensitzen und/oder sich Zurückziehen ein.

Die Schule erstreckt sich entlang des Safenbaches, alle Klassenzimmer sind dorthin orientiert. Durch Pergolen geschützte und beschattete Freiflächen bilden vor jeder Klasse einen „privaten" Außenraum, der einen ungestörten Freiluft-Unterricht ermöglicht. Die Baukörper der Volksschule und des Sportklubs sind zusammen mit den Außenbereichen so positioniert, dass mit einer weiteren Bebauung im Nordwesten des Ensembles ein neues Zentrum östlich des Ortskerns entstehen kann.

The project is a result of the architectural competition for the construction of a new sports facility and primary school in Bad Blumau, which was won by the architectural office of Feyferlik/Fritzer in 2006.

This is how architect Georg Huber (jury chairman of the competition) praised the quality of the project in 2008: "The project by Feyferlik/Fritzer, which won the competition not least because of its ground level, the open classroom arrangement, the directly allocated open spaces and other valuable approaches such as the double-sided lighting of the classrooms, was also optimally further developed through an intensive and direct engagement with the concerns and desires of all project participants and occupants."

Not only does the school offer a lot of room for an alert mind and for movement, it also promotes the joy of learning and offers ample relaxation and retreat areas during the breaks.

By "blasting away" the right angle, the three-dimensionality of the rooms comes alive for the children. Many seating surfaces and niches, inside as well as outside, invite the children to sit together or to withdraw.

Since the school extends along the Safenbach stream, all of the class rooms are oriented towards it. By means of pergolas, the protected and shaded open spaces form a "private" outside space in front of each class, enabling undisturbed open-air instruction. The structures of the primary school and the sports clubs are positioned together with the outdoor areas in such a way that, with a further development in the northwest of the ensemble, a new center east of the town core can emerge.

Volksschule & Sportklub Bad Blumau
Primary School & Sports Club Bad Blumau

Nr. 130 & Nr. 83, 8283 Bad Blumau

Planung	Planning
Feyerlik/Fritzer	

Projektleitung	Project management
Wolfgang Feyferlik	

Projektmitarbeit	Project assistance
Elisabeth Stoschitzky, Bertold Henzler,	
Veronika Schnedl	

Statik	Structural engineering
IKK TZ-OeG DI, Karl Glatz, Bad Waltersdorf / Graz	

Bauherrschaft	Client
Orts- und Infrastrukturentwicklungs-KG	
Thermenort Gemeinde Bad Blumau	

Planungsbeginn	Start of planning
2006	

Fertigstellung	Completion
2010	

Grundstücksfläche	Plot area
Volksschule Primary School: 9 330 m²	
Sportanlage Sports Facility: 25 276 m²	

Bruttogeschossfläche	Gross floor area
Volksschule Primary School: 1 565 m²	
Sportklub Sports Club: 504 m²	

www.blumau.com

20

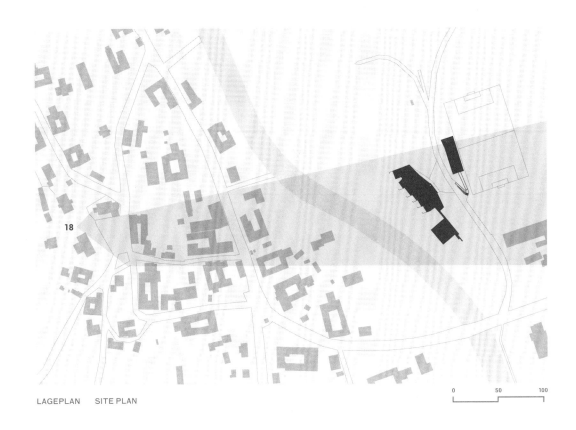

18

LAGEPLAN   SITE PLAN

0   50   100

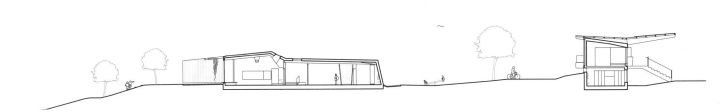

SCHNITT   SECTION

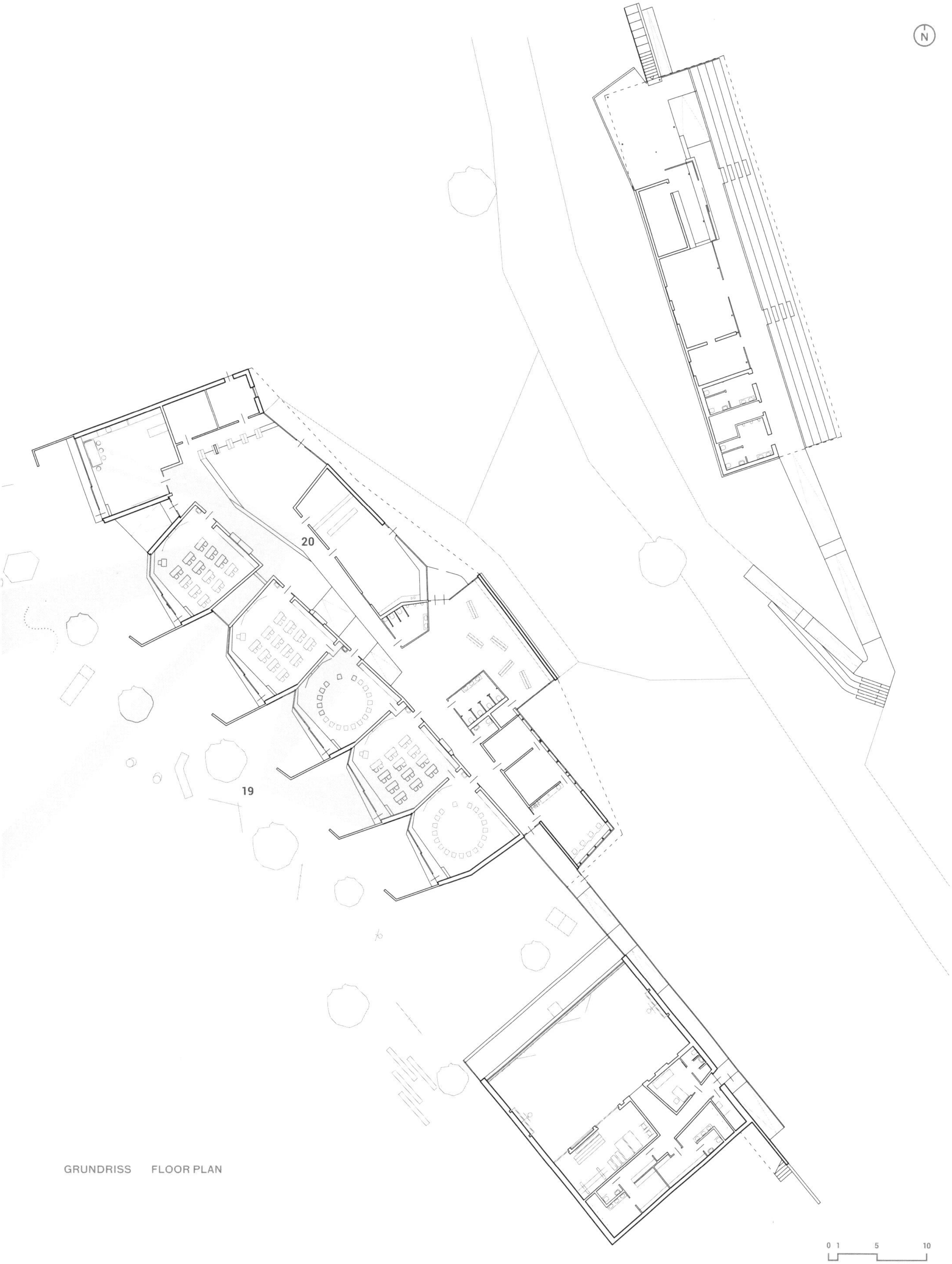

N

20

19

GRUNDRISS   FLOOR PLAN

0 1   5   10

(Nathalie de Vries) Wie schätzen Sie die Bedeutung des lokalen Kontexts für „Ihr" Gebäude ein?

Für die Gemeinde war es die große Herausforderung eine Volksschule zu errichten unter dem Motto: „Lernen von der Natur – für die Natur – umgeben von der Natur!" Das neue Schulhaus fügt sich natürlich in die Landschaft ein.

(Nathalie de Vries) How do you value the significance of the local context for "your" building?

For the community of Bad Blumau, the great challenge was to build a primary school under the motto "Learning from nature—for nature—surrounded by nature!" The new schoolhouse blends naturally into the landscape.

Wie war die politische/finanzielle Situation im Rahmen des Bauvorhabens?

Von Anfang an war die Einhaltung des vorgegebenen Kostenrahmens (4,8 Mio Euro incl. Sportanlage) als bindende Auflage von der Gemeinde Bad Blumau als Bauherr vorgegeben. Ein großer Kostenfaktor war der Hochwasserschutz, der erst während der Umsetzungsphase auf Grund einer bundesweiten Änderung der Hochwasserberechnungen aktuell wurde.

What was the political/financial situation like in connection with this project?

From the very beginning, keeping the budget within the predefined limit (including the sports premises, 4.8 mill. Euro) was the binding condition by the community of Bad Blumau as the client. A large cost factor was the flood protection, which first became topical during the implementation phase on account of a nationwide change in the calculation of flood areas.

Wer definierte die inhaltlichen Rahmenbedingungen für das Bauvorhaben?

Die Wettbewerbsauslobung, erstellt von der Hans Lechner Ziviltechniker GmbH als Verfahrensbetreuerin, fasste die Ideen und Vorstellung von Kindern und Schulteam zusammen und ließ in der Formulierung der Aufgabenstellung großen Interpretationsspielraum für die Wettbewerbsteilnehmer im Hinblick auf die Auslegung der Schulbau-, baurechtlichen und Nachhaltigkeitskriterien und auch der pädagogischen Zielsetzung.

Who defined the content framework for the project?

Prepared by the Hans Lechner Ziviltechniker GmbH, who was the process supervisor, the competition offer summarized the ideas and notions of the children and the school team. In the formulation of the project scope, it left the project participants a lot of room for interpretation with respect to the school construction, building law and sustainability criteria, as well as the pedagogical aim.

ERNA ERHART
Direktorin   Headmaster

Wie kam es zur Auswahl des/der ArchitektIn und wie gestaltete sich die Zusammenarbeit?

Im Auswahlverfahren der zehn eingereichten Projekte des Architektenwettbewerbs hatte der Bürgermeister als Schulerhalter nur ein Stimmrecht, weshalb er die Direktion einlud, ihn bei dieser schwierigen Aufgabe zu beraten. Letztlich wurde das Projekt von Feyferlik/Fritzer einstimmig ausgewählt. Von vornherein suchten die Architekten den Dialog und verstanden es geschickt, uns in die Weiterentwicklung des Entwurfs einzubinden.

How did the selection of the architect come about and how did the cooperation develop?

In the selection process of the ten submitted projects of the architectural competition, the mayor, as the school sustainer, only had one vote, which is why he invited the headmaster to advise him during this difficult task. In the end, the project of Feyferlik/Fritzer was unanimously chosen as the winning project. From the outset, the architects sought the dialog and skillfully understood how to involve us in the further development of the design.

(Nathalie de Vries) Welchen Stellenwert hat der lokale Kontext für Ihre Arbeit?

Unsere Architektur ist immer eine Reaktion auf Grundstück und Umgebung; Proportion, Höhenentwicklung, Topographie sind wesentliche beeinflussende Elemente.

(Nathalie de Vries) How important is the local context for your work?

Our architecture is always a reaction to the property and surroundings; proportion, height gradation and topography are crucial, influencing elements.

Kann Ihr Projekt als „typisch steirisch" bzw. „typisch österreichisch" bezeichnet werden?

Die Herangehensweise, die Gratwanderung abseits von rechtlichen und normierten Vorgaben, das Spiel mit dem Detail, das Nutzen des regional vorhandenen Handwerks, der Raum, außen wie innen, als bestimmender Faktor für das architektonische Aussehen – wir denken, das ist „typisch steirisch", weil hier der Nährboden für Architektur nie ein einheitlicher war. Erst in der Summe der Unterschiedlichkeiten kann man von „typisch steirisch" sprechen, weil es eben im Sinne der Bedeutung das „typisch Steirische" nur in der Haltung, nicht aber in der Ausformulierung gibt.

Can your project be characterized as "typically Styrian," resp., "typically Austrian"?

The approach, the balancing act apart from the legal and standardization guidelines, the play with the detail, the utilization of the regionally available craftsmanship, the space, outside as well as inside, as the determining factor for the architectonic appearance—we think that is "typically Styrian," because the breeding ground for architecture was never a uniform one here. One can first speak of "typically Styrian" in the sum of the dissimilarities, because "typically Styrian," in the precise sense of the meaning, only exists in the attitude, but not in the formulation.

Bitte beschreiben Sie Ihr Verhältnis zu Bauherrschaft bzw. NutzerInnen.

Das Verhältnis zur Bauherrschaft hat sich erst im Laufe des Projekts positiv entwickelt. Eine Volksbefragung für oder gegen das Projekt, von der politischen Opposition gefordert, schuf eine notwendige Diskussionsverdichtung, die vor allem das gegenseitige Verständnis positiv beeinflusste. Das Ergebnis der Volksbefragung festigte den politischen Willen für das Projekt und für die Architektur.

WOLFGANG FEYFERLIK, SUSANNE FRITZER
Feyferlik/Fritzer

Please describe your relationship to the client and the users.

The relationship to the client first began to positively develop in the course of the project. A referendum for or against the project, called for by the political opposition, created a necessary consolidation of the discussion that especially had a positive influence on mutual understanding. The result of the referendum strengthened the political will for the project and the architecture.

Wie war die politische/finanzielle Situation in diesem Bauvorhaben?

Keine gute Ausgangssituation 2006/2007, im Jahr der galoppierenden Rohstoffpreise. Erst die sich anbahnende Krise 2008 und die damit einhergehenden moderateren Anbotspreise machten die Realisierung möglich. Politisch hätte man sich sonst vermutlich vom Projekt distanziert.

What was the political/financial situation like in connection with this project?

It was not a good starting situation in 2006/2007, in the year of soaring raw material prices. The looming crisis in 2008 and the more moderate tenders resulting from it first made the realization possible. Otherwise, one would have probably distanced oneself politically from the project.

FLUR 20,
GRAZ
INNOCAD

Bei diesem Low Budget-Projekt handelt es sich um einen geförderten Wohnbau in Graz, der trotz geringster finanzieller Mittel durch systematische Gebäudeorganisation maximale Wohnqualität und gestalterischen Ausdruck zu leisten vermag. Die klare Struktur des Gebäudes und der einfache Baukörper sind die Voraussetzungen für das flexible, modulare Grundrisssystem, das durch Zu- und Wegschalten von Räumen 40 verschiedene Wohnungstypen und damit eine hohe Flexibilität in der Planungsphase ermöglichte. Somit entstehen trotz der optimierten Form des Gebäudes eine große räumliche Vielfalt mit einem zusätzlichen Angebot an gemeinschaftlich nutzbaren Freiräumen sowie ein differenziertes äußeres Erscheinungsbild.

Im Sinne der Ressourcenschonung erfolgt die Beheizung mit Fernwärme und die Warmwasserbereitung über Sonnenkollektoren.

This low-budget project concerns a subsidized residential building in Graz which, in spite of the slightest of financial resources, provides maximal living quality and design expression through the systematic organization of the building. The clear structure of the edifice and the simple structural shell are the preconditions for the flexible, modular floor plan system, which enabled 40 different apartment types and, therefore, a higher flexibility in the planning phase by joining and disconnecting spaces. In this way, despite the optimized shape of the building, a large spatial variety with an additional offer of open spaces for community use, as well as a differentiated external appearance, were created.

In a resource-saving sense, the building is heated by long-distance heating and the hot water is supplied by solar collectors.

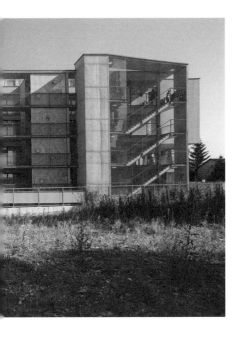

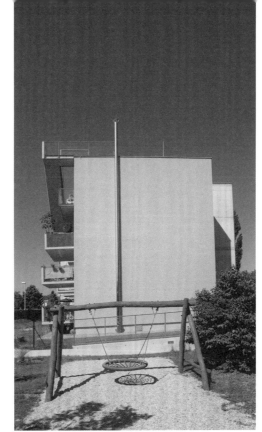

22

23

FLUR 20
Flurgasse 20, 8010 Graz

Planung	Planning
INNOCAD Architektur ZT GmbH	
Projektleitung	Project management
Patrick Handler	
Projektmitarbeit	Project assistance
Martin Lesjak, Elisabeth Krammer,	
Jörg Kindermann, Michael Petar	
Statik	Structural engineering
Daninger & Partner ZT KG, Graz	
Bauherrschaft	Client
GSL Gemeinnützige Bauvereinigung GmbH	
Planungsbeginn	Start of planning
2011	
Fertigstellung	Completion
2012	
Grundstücksfläche	Plot area
2 226 m²	
Bruttogeschossfläche	Gross floor area
1 836 m²	

www.innocad.at
www.daninger.at
www.gsl-wohnen.at

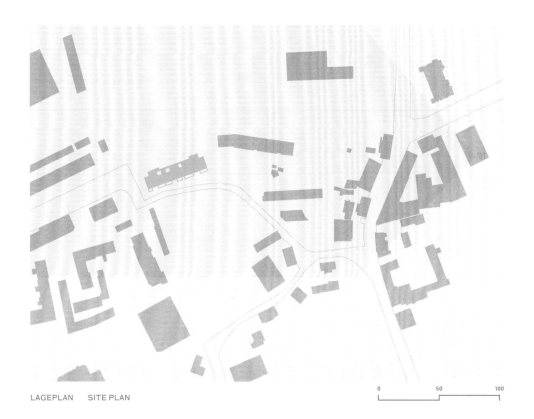

LAGEPLAN   SITE PLAN

0   50   100

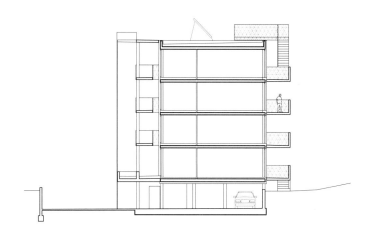

SCHNITT   SECTION

REGELGESCHOSS   STANDARD FLOOR

22

ERDGESCHOSS   GROUND FLOOR

0 1   5   10

(Nathalie de Vries) Welchen Stellenwert hat der lokale Kontext für Ihre Arbeit?

Der Kontext spielt in fast all unseren Projekten eine zentrale Rolle, was aber nicht heißt, dass automatisch zwingend darauf Bezug genommen wird.

(Nathalie de Vries) How important is the local context for your work?

In nearly all our projects, the context plays a central role, which, however, does not mean that a reference is automatically established.

Kann Ihr Projekt als „typisch steirisch" bzw. „typisch österreichisch" bezeichnet werden?

Das könnte man sagen, denn das von uns entwickelte System wäre noch viel weiter gegangen und könnte sehr einfach wachsende und schrumpfende Wohnungen anbieten, die sich mit dem Bewohner über den Lebenszyklus mit verändern. Also insofern österreichisch im Sinne von „ein bisschen innovativ, aber nur nichts riskieren", als es am starren Bürokratismus der Wohnbauförderung gescheitert ist.

Can your project be characterized as "typically Styrian," resp., "typically Austrian"?

One could say that, since the system developed by us would have gone even much further and could very simply offer growing and shrinking apartments that could change over the life cycle along with the inhabitant, thus, insofar Austrian in the sense of "a little bit innovative, but don't risk anything," since it failed on account of the rigid bureaucracy of the housing construction subsidy.

Bitte beschreiben Sie Ihr Verhältnis zu Bauherrschaft bzw. NutzerInnen.

Die Bauherrschaft hatte anfangs große Pläne, mit uns eine Revolution im Wohnbau zu starten, war aber schlussendlich auf Grund der mangelnden Unterstützung durch die Politik (Förderung) mit dieser nicht weiter veränderbaren, aber qualitativ sehr guten und vor allem kostengünstigen Lösung zufrieden.

Please describe your relationship to the client and the users.

Initially, the client had great plans to start a revolution in housing construction, but, due to lacking political support (funding), was satisfied in the end with this not further adaptable, but qualitatively very good and particularly cost-effective solution.

MARTIN LESJAK

INNOCAD

Wie war die politische/finanzielle Situation in diesem Bauvorhaben?

Wie bereits erwähnt, gab es seitens der Politik keine Unterstützung für eine wirkliche Innovation im steirischen Wohnbau, das Projekt wurde aber in der nun realisierten Form vom Land gefördert. Dennoch waren die finanziellen Mittel sehr gering.

What was the political/financial situation like in connection with this project?

As already mentioned, there was no political support for a real innovation in Styrian housing construction; but the project was funded by the state government in the now-realized form. However, the financial means were very meager.

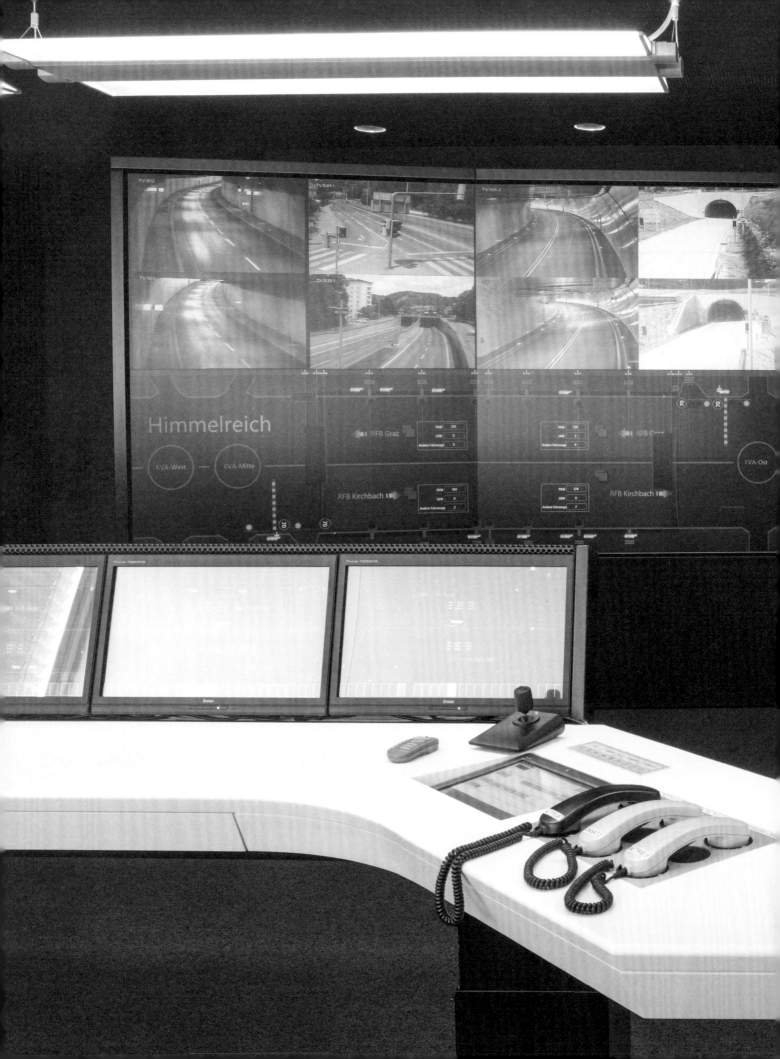

EINREICHUNGEN

SUBMISSIONS

2013

Volksschule Hausmannstätten
Hauptstraße 50a
8071 Hausmannstätten
.tmp architekten, Graz
www.t-m-p.org

Sport- und Wellnessbad Eggenberg „Auster"
Janzgasse 21
8020 Graz
fasch&fuchs.architekten, Graz
www.faschundfuchs.com

Zentraltunnelwarte Hausmannstätten
St. Peter Straße 61
8071 Hausmannstätten
Dietger Wissounig Architekten, Graz
www.wissounig.at

Museumshof Kammern
Hauptstraße 59
8773 Kammern
yes architecture, Graz
www.yes-architecture.com

Volksschule und Sportklub Bad Blumau
Nr. 130, Nr. 83
8283 Bad Blumau
Feyferlik/Fritzer, Graz

FLUR 20
Flurgasse 20
8010 Graz
INNOCAD Architektur ZT GmbH, Graz
www.innocad.at

LOISIUM Wine & Spa Resort Südsteiermark
Am Schlossberg 1a
8461 Ehrenhausen
Architektur Consult ZT-GmbH, Graz
www.archconsult.com

Queen Mary (Immobilienverwertung als „Arkaden Wies")
8551 Wies
Altenmarkt 31
Architekten c/o GROSZSTADT, Graz
www.groszstadt.eu

Genussregal – Vinofaktur Vogau
An der Mur 13
8461 Ehrenhausen-Vogau
BWM Architekten, Wien
www.bwm.at

Fachschule für Land- und Ernährungswirtschaft Schloss Feistritz
Feistritz 1
8843 St. Peter am Kammersberg
Architekten Domenig & Wallner ZT GmbH, Graz
www.domenig-wallner.at

Residenz Zum Silbernen Elefanten
Südtirolerplatz 13
8020 Graz
Architekten Domenig & Wallner ZT GmbH, Graz
www.domenig-wallner.at

Projekt Spielberg
8724 Spielberg
epps architekten zt gmbh, Graz
www.epps.at

Ölmühle Fandler
Prätis 1
8225 Pöllau bei Hartberg
epps architekten zt gmbh, Graz
www.epps.at

Historische Villa
Graz
Gangoly & Kristiner Architekten ZT GmbH, Graz
www.gangoly.at

Wohnanlage Laimburggasse
Laimburggasse 40
8010 Graz
Gangoly & Kristiner Architekten ZT GmbH, Graz
www.gangoly.at

Bürogebäude HDI
Raiffeisenstraße 30
8010 Graz
Ernst Giselbrecht + Partner architektur zt gmbh, Graz
www.giselbrecht.at

Konzernzentrale Energie Steiermark AG
Leonhardgürtel 10
8010 Graz
Ernst Giselbrecht + Partner architektur zt gmbh, Graz
www.giselbrecht.at

Konzernzentrale ÖWG/ÖWGes

Moserhofgasse 14
8010 Graz
Ernst Giselbrecht + Partner architektur zt
gmbh, Graz
www.giselbrecht.at

Einsegnungshalle am Steinfeldfriedhof Graz

Friedhofsgasse 33
8020 Graz
HOFRICHTER-RITTER Architekten, Graz
www.hofrichter-ritter.at

Höhere Bundeslehranstalt für Forstwirtschaft Bruck/Mur: Zu- und Umbau Schule und Internat

Dr.-Theodor-Körner-Straße 44a
8600 Bruck/Mur
Architekten Hussa-Kassarnig ZT-GmbH, Graz
www.hussa-kassarnig.at

A+ LKH Feldbach Aufstockung Neurologie

Ottokar-Kernstock-Straße 18
8330 Feldbach
INNOCAD Architektur ZT GmbH, Graz
www.innocad.at

XAL cc

Auer-Welsbach-Gasse 54
8055 Graz
INNOCAD Architektur ZT GmbH, Graz
www.innocad.at

Graz Moserhofgasse 41b Studentengästehaus in Passivhausbauweise

Moserhofgasse 41b
8010 Graz
Kaltenegger & Partner Architekten, Graz
www.kupa.at

logis 125

Grubtal 125
8462 Gamlitz
koeberl doeringer architekten, Schärding
www.koeberl-doeringer.com

Villa Valletta

Hochgreitweg 28
8046 Stattegg
Architekt DI Joe W. Kollegger, Graz
web.utanet.at/jkollegger

Bürogebäude der Gem. Wohn- u. Siedlungs- genossenschaft ennstal

Siedlungsstraße 2
8940 Liezen
KREINERarchitektur ZT GmbH, Gröbming
www.kreinerarchitektur.at

Büro- und Verwaltungs- gebäude H. Junger Bau GmbH

Trautenfelser Straße 74
8952 Irdning
KREINERarchitektur ZT GmbH, Gröbming
www.kreinerarchitektur.at

Kindergarten-Kinderkrippe der röm. kath. Pfarre

Kirchengasse 300
8967 Haus im Ennstal
KREINERarchitektur ZT GmbH, Gröbming
www.kreinerarchitektur.at

Neubau, Büro- Geschäfts-Wohngebäude

Langegasse 700
8970 Schladming
KREINERarchitektur ZT GmbH, Gröbming
www.kreinerarchitektur.at

Karmeliterhof

Karmeliterplatz 1, 2 und Paulustorgasse 4
8010 Graz
LOVE architecture and urbanism ZT GmbH, Graz
www.love-home.com

Klimaschutz- Supermarkt

Floßlendstraße 3
8020 Graz
LOVE architecture and urbanism ZT GmbH, Graz
www.love-home.com

Musikheim St. Nikolai im Sausal

8505 St. Nikolai im Sausal
Architekt DI Mitterberger Gerhard ZT GmbH, Graz

Ausstellungspavillon Schauturbine – Kraftwerk Pernegg

E-Werk-Straße 2
8132 Pernegg an der Mur
pilzarchitektur, Graz
www.pilzarchitektur.at

Aufstockung Intensivstation LKH Deutschlandsberg

Radlpassstraße 29
8530 Deutschlandsberg
Pittino & Ortner, ZT – Gesellschaft m.b.H.,
Deutschlandsberg
www.pittino-ortner.at

Zu- und Umbau, Sanierung Bezirksgericht Bruck/Mur

An der Postwiese 8
8600 Bruck/Mur
Pittino & Ortner, ZT – Gesellschaft m.b.H.,
Deutschlandsberg
www.pittino-ortner.at

Atelierhaus Beistein

Beistein
polar÷ archltekturbüro, Wien
www.polar.st

Neugestaltung der Lesesäle der Bibliothek der TU Graz

Technikerstraße 4
8010 Graz
PRETTERHOFER SIMBENI
ARCHITEKTEN, Graz

Haus Strobl

Roseggerweg 84b
8010 Graz
Proyer & Proyer Architekten OG, Steyr
www.proyer.com

Sanierung Wohnhaus Fam. R.

Schillerstraße 38
8700 Leoben
röthl architektur zt gmbh, Leoben
www.roethlarchitektur.com

Villa Rebenburg

Archkogl 16
8993 Grundlsee
Architekten Scheicher ZT GmbH, Adnet
www.scheicher.at

Funpark Therme Loipersdorf

Loipersdorf 152
8282 Loipersdorf bei Fürstenfeld
Architekturbüro Schwarzenbacher, Graz
www.schwarzenbacherarchitektur.at

Zu- und Umbau Orthopädische Ambulanz LKH Bad Radkersburg

Dr. Schwaigerstraße 1
8490 Bad Radkersburg
THP-Architekten. TRITTHART, Graz
www.tritthart.at

Haus D

Dr. Amannstraße
8130 Frohnleiten
yes-architecture, Graz
www.yes-architecture.com

L9, Sanierung und Aufstockung, Stadthaus von Herbert Eichholzer

Liebiggasse 9
8010 Graz
yes-architecture, Graz
www.yes-architecture.com

Nahverkehrsdrehscheibe Graz Hauptbahnhof

Europaplatz
8020 Graz
Zechner & Zechner ZT GmbH, Wien
www.zechner.com

Sanierung und Aufstockung BRG Judenburg

Lindfeldgasse 10
8750 Judenburg
Zinterl Architekten ZT GmbH, Graz
www.zinterl.at

1980 ⟍ 02

Œuvre
Günther Domenig

**Revitalisierung
Schlossschule Gleinstätten**
Team A Graz

1982 03 04 05

**Siedlung
Graz Puntigam**
Eilfried Huth

**Sparkasse
Bad Radkersburg**
Klaus Kada, Gernot Lauffer

**Fachschule
Schloss Großlobming**
Szyszkowitz+Kowalski

1984 06

Erdefunkstelle Aflenz
Gustav Peichl

1986 07

Vermessungsamt Leibnitz
Klaus Kada

1988 08 09 10

**Wohnbebauung
Wienerberger Gründe, Graz**
Ralph Erskine, Hubert Rieß

**Ein Haus für Studenten,
Lendplatz, Graz**
Volker Giencke

Glasmuseum Bärnbach
Klaus Kada

1990 11 12

**Universität Graz
Geistes- und Naturwissen-
schaftliches Institut**
Wolfgang Kapfhammer, Johannes Wegan,
Gert Koßdorf, Adolph Kelz, Gerhard Hackel

**CulturCentrumWolkenstein,
Stainach**
Riegler Riewe Architekten

1992 ⟍

**Kollektiv der
steirischen Architektur**

1994 14 15

Kunsthaus Mürzzuschlag
Konrad Frey

Flughafen Graz
Riegler Riewe Architekten

1996 16 ⟍ 18

Volksschule St. Michael
Herwig Illmaier

**Œuvre, Publikation:
„Architektur Algorithmen",
Architekturgenerator**
Manfred Wolff-Plottegg

**Universität Graz
RESOWI-Zentrum**
Günther Domenig, Hermann Eisenköck

1998 19 20

**Technische Universität
Graz, Inffeldgründe**
Riegler Riewe Architekten

büro.haus gleisdorf
lichtblau.wagner architekten

2000 21 22 23

Landeskrankenhaus Hartberg
Klaus Kada

**Volksschule und
Mehrzweckhalle Dobl**
Klaus Leitner, Sonja Simbeni,
Peter Pretterhofer

Glockenturm Seetaleralpe
Markus Pernthaler

2002 24

**Bezirkshaupt-
mannschaft Murau**
Friedrich W. Schöffauer,
Wolfgang Tschapeller

2004 25 26 27

Kunsthaus Graz
spacelab – Peter Cook, Colin Fournier

Kindermuseum Graz
fasch&fuchs.architekten

Justizzentrum Leoben
hohensinn architektur

2006 28

**Lagerhalle Wallner,
Scheifling**
Simon Speigner

2008 29

Haus YUG, Frauental
x Architekten

2010 30

**efh_surplus value01,
Laufnitzdorf**
weichlbauer/ortis

12

24

WINNERS
1980 — 2010

PREISTRÄGER/INNEN 1980–2010

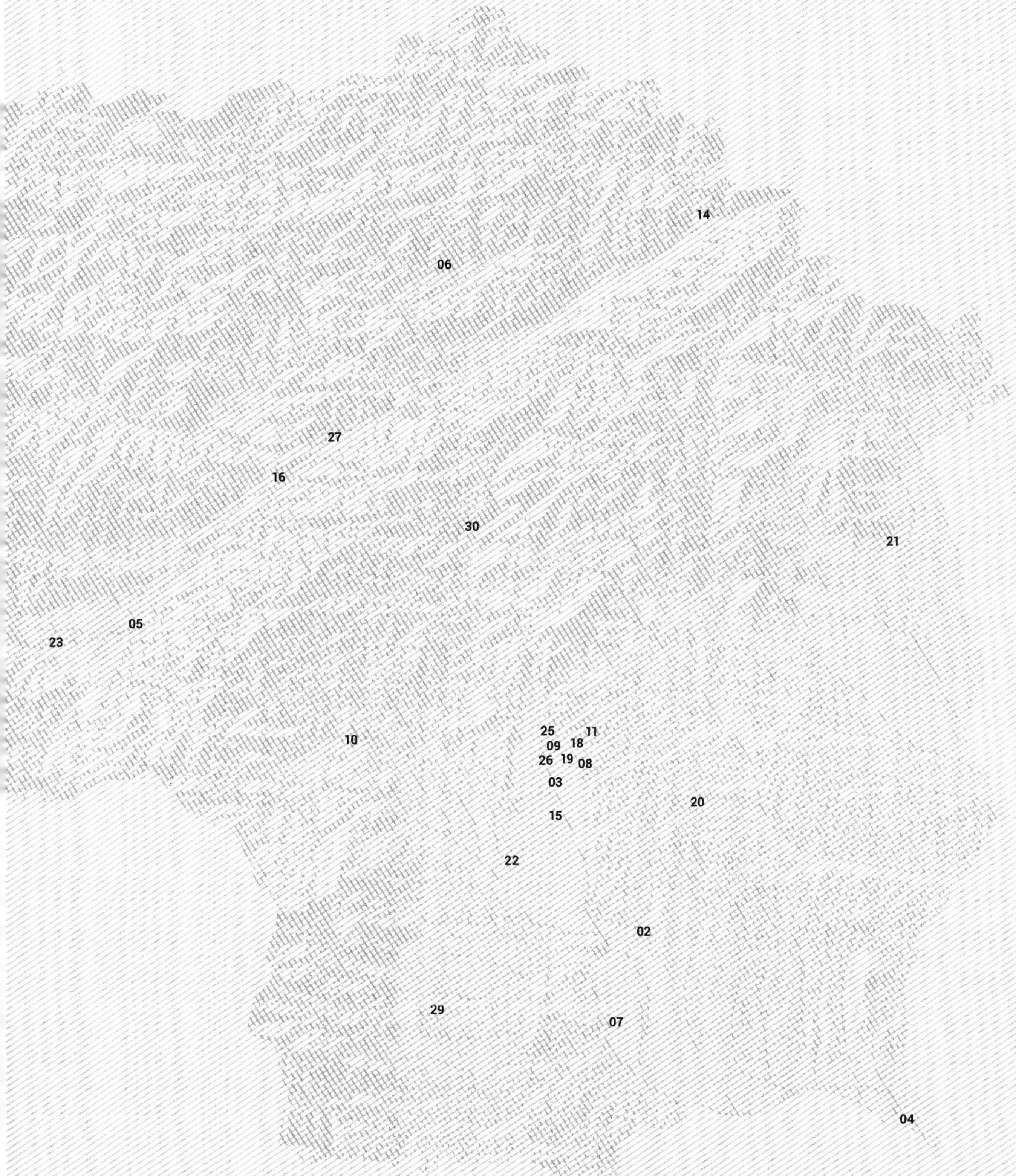
14
06
27
16
30
21
05
23
10
25
11
09
18
26
19
08
03
20
15
22
02
29
07
04

KURATORIN

Nathalie de Vries,
geb. 1965 in Appingedam, NL

Gründete 1993 gemeinsam mit Winy Maas und Jacob van Rijs das weltweit tätige Büro für Architektur und Städtebau MVRDV in Rotterdam. Sie studierte Architektur an der Technischen Universität Delft. 1992 gewann sie gemeinsam mit Winy Maas und Jacob van Rijs den Wettbewerb Europan 2 mit dem Wohnbauprojekt Berlin Voids. Im Folgejahr erhielten MVRDV den Auftrag zur Umsetzung des Büro- und Rundfunkgebäudes Villa VPRO in Hilversum, NL. Weitere Projekte wie die Wohnanlage WoZoCo sowie der niederländische Pavillon auf der Expo 2000 in Hannover führten zu internationalem Interesse und breiter Anerkennung. 1998 veröffentlichte MVRDV mit dem inzwischen zum Klassiker avancierten Buch *Farmax: Excursions on Density* seine erste Publikation, der viele weitere folgten, unter anderem 2005 *KM3: Excursions on Capacity* sowie zuletzt das Buch *MVRDV Buildings*.

Nathalie de Vries ist unter anderem Mitglied der Boards von The New Institute, der Witte de With Gallery for Contemporary Art in Rotterdam sowie des Museum of the Image in Breda, NL. Zuvor war sie Vorsitzende des BNA Forschungsprogramms und von 2005 bis 2008 Chef-Architektin für ProRail/NS, Mitglied des Gestaltungsbeirats Salzburg, Mitglied des Gründungsgremiums der Niederländischen Architekturzeitschrift *OASE* und des Netherlands Architecture Fund.

Sie hält regelmäßig Vorträge, ist Teilnehmerin internationaler Jurys und unterrichtet weltweit an Universitäten und Instituten wie etwa der Harvard Graduate School of Design, der Technischen Universität Berlin, dem Illinois Institute of Technology in Chicago, dem Berlage Institute in Rotterdam und der Technischen Universität Delft. Seit 2013 ist Nathalie de Vries Professorin am Fachbereich Baukunst der Kunstakademie Düsseldorf.
www.mvrdv.com

BIOGRAPHIES

CURATOR

Nathalie de Vries,
born 1965 in Appingedan, NL

She is one of the founding directors of the globally operating architecture and urban planning firm MVRDV. The office was founded in Rotterdam in 1993 along with Winy Maas and Jacob van Rijs. Nathalie de Vries studied at Delft University of Technology. In 1992, she, Maas and van Rijs won the Europan 2 competition with their housing project Berlin Voids. MVRDV was founded the following year and had already won its first commission for the offices of public broadcaster VPRO in Hilversum, NL. Later projects, such as the WoZoCo housing complex for the elderly and the Netherlands Pavilion at the Hanover World Expo 2000, led to international interest and acclaim. In 1998, MVRDV published the first manifesto of its work and ideas in the now-canonical *Farmax: Excursions on Density.* This was followed by numerous other publications, including *KM3: Excursions on Capacity* in 2005, and now *MVRDV Buildings* in 2013.

Nathalie de Vries has held a wide variety of positions across the academic, cultural and public sectors. She recently joined the boards of The New Institute for architecture, design and e-culture in Rotterdam and the Witte de With Gallery for Contemporary Art, also in Rotterdam. She has been board member of the Museum of the Image in Breda since 2010. Before that she was Chairwoman of the BNA Research Program, and was Chief Railroad Architect for ProRail/NS from 2005 to 2008. In addition to these positions, she previously served as a board member of the Netherlands Architecture Fund, as a member of the Design Committee Salzburg and as a member of the founding board of the Dutch architectural journal *OASE.* She also regularly lectures, takes part in international juries, and teaches at universities and institutes worldwide, including the Harvard Graduate School of Design, the Technical University of Berlin, Illinois Institute of Technology in Chicago, Berlage Institute in Rotterdam and Delft University of Technology. Since 2013 Nathalie de Vries has been a professor at the Faculty of Architecture of the Dusseldorf Art Academy.
www.mvrdv.com

FOTOGRAF

Michael Goldgruber,
geb. 1965 in Leoben

Studierte Fotografie, Kunstgeschichte und Philosophie in Wien. Zahlreiche Einzelausstellungen, Gruppenausstellungen und Filmscreenings u.a. in Wien, Graz, Berlin, Zürich, New York, Athen, Mexico City, Santiago de Chile, Zagreb, und Belgrad. 2007 Österreichisches Staatsstipendium für bildende Kunst, BMUKK, 2012 Auslandsstipendium des BMUKK für Fotografie, Cité des Arts, Paris. www.goldgruber.at

HERAUSGEBERIN

Eva Guttmann,
geb. 1967 in Innsbruck

Studium der Politikwissenschaften und Geschichte in Innsbruck sowie der Architektur in Graz. Seit 1999 freiberufliche Autorin, Redakteurin und Lektorin in den Fachbereichen Architektur und Bauwesen. 2004 bis 2009 Chefredakteurin der Zeitschrift *Zuschnitt*, herausgegeben von proHolz Austria. 2008 wissenschaftliche Projektmitarbeiterin am Institut für Gebäudelehre der TU Graz. 2010 bis 2013 Geschäftsführerin des HDA Haus der Architektur, Graz. Seit 2012 Vorsitzende der Ortsbildkommission des Landes Steiermark.

AUTOR

Werner Schandor,
geb. 1967, lebt in Graz

Texter, Autor und Fotograf. Studierte Germanistik und Pädagogik an der Universität Graz, unterrichtet professionelles Texten und kreatives Schreiben an der FH Joanneum und an der Uni Graz. Herausgeber des Feuilletonmagazins *schreibkraft*; Chef der PR-Agentur Textbox. Zahlreiche Veröffentlichungen in Zeitungen, Zeitschriften und im Radio. Jüngste Bücher: der Reiseführer *Steirisches Wein- und Hügelland* (Falter Verlag: Wien 2010) und der Erzählband *Ruby lebt* (edition kürbis: Wies 2011).
www.schreibkraft.adm.at; www.textbox.at

PHOTOGRAPHER

Michael Goldgruber,
born in 1965 in Leoben

Studied photography, art history and philosophy in Vienna. Numerous solo exhibitions, group exhibitions and film screenings, among elsewhere, in Vienna, Graz, Berlin, Zurich, New York, Athens, Mexico City, Santiago de Chile, Zagreb, and Belgrade. 2007 Austrian Government Scholarship for Visual Arts, Austrian Federal Ministry for Education, Arts and Culture (BMUKK), 2012 BMUKK Foreign Exchange Scholarship for Photography, Cité des Arts, Paris.
www.goldgruber.at

EDITOR

Eva Guttmann,
born 1967 in Innsbruck

Studied political science and history in Innsbruck and architecture in Graz. Has worked as a freelance author, editor and copy editor in the fields of architecture and civil engineering since 1999. From 2004 to 2009 she served as chief editor of the professional journal *Zuschnitt*, published by proHolz Austria. In 2008 she was a member of the scientific staff of the Institute of Architechtural Typologies at the Graz University of Technology. From 2010 to 2013 she was director of the HDA (House of Architecture) in Graz. Since 2012 she has been head of the Styrian Townscape Advisory Commission.

WRITER

Werner Schandor,
born in 1967, lives in Graz

Copywriter, author and photographer. Studied German literature and education at the University of Graz, teaches professional copywriting and creative writing at the Joanneum University of Applied Sciences and at the University of Graz. Editor of the literary magazine *schreibkraft*; head of the PR agency Textbox. Numerous publications in newspapers, magazines and on the radio. Most recent books: the travel guide *Steirisches Wein- und Hügelland* (Vienna: Falter Verlag, 2010) and the volume of shorts stories *Ruby lebt* (Wies: edition kürbis, 2011).
www.schreibkraft.adm.at; www.textbox.at

| Herausgeberinnen | Editors |
Nathalie de Vries, Eva Guttmann,
HDA – Haus der Architektur

| Redaktion | Editing |
Eva Guttmann

| Redaktionsassistenz | Assistance |
Vilja Cortolezis, Karin Oberhuber

| AutorInnen | Authors |
Nathalie de Vries, Werner Schandor

| Fotografie | Photography |
Michael Goldgruber
außer except for: Sissy Furgler (S. p. 42),
Andrea Fuchs (S. p. 66), Paul Ott (S. p. 96)

| Cover Fotomontage | Cover photo montage |
Margit Steidl

| Lektorat | Copy editing |
Claudia Mazanek

| Übersetzung | Translation |
Brian Dorsey

| Buchgestaltung | Book design |
Margit Steidl, Eva Urschler

| Plangrafiken | Graphics |
Rebekka Hirschberg

| Druckvorstufe | Pre-press |
Elmar Bertsch

| Schriften | Fonts |
FF Bau, FF Milo Serif

| Papier | Paper |
Munken Polar Rough,
Munken Polar
Säurefreies und chlorfrei gebleichtes Papier
Acid-free and chlorine-free bleached paper

| Druck | Printing |
Ueberreuter Print GmbH

| Abbildungen | Colored figures |
Mit 103 farbigen Abbildungen und 27 Plangrafiken
With 103 colored photographs and 27 graphics

© 2014 AMBRA | V   AMBRA | V ist ein Unternehmen
der Medecco Holding GmbH, Wien
Printed in Austria
© 2014 Haus der Architektur, Graz

Bibliografische Information der Deutschen Nationalbibliothek:
Die Deutsche Nationalbibliothek verzeichnet diese Publikation in der Deutschen
Nationalbibliografie; detaillierte bibliografische Daten sind im Internet über
http://dnb.d-nb.de abrufbar.

ISBN 978-3-99043-633-2

Das Buch entstand mit großzügiger Unterstützung von
This book was published with the generous support of

| Fördergeber | Funding partners |
Das Land Steiermark,
Verkehr und
Landeshochbau

Kammer der
ZiviltechnikerInnen
für Steiermark und
Kärnten

Bundesministerium
für Unterricht,
Kunst und Kultur

Stadt Graz
Stadtbaudirektion

| Sponsoren | Sponsors |
Gaulhofer Vertrieb
GmbH & Co KG,
Fenster und Türen

XAL GmbH

Marktgemeinde Kammern
im Liesingtal

| Preis gestiftet von | Prize endowed by |
Land Steiermark,
Kultur, Europa,
Außenbeziehungen